Hannes Berger

Der öffentlich-rechtliche Rundfunk und die Digitalisierung

Besteht ein Rundfunkauftrag auch im Internet?

Hannes Berger

DER ÖFFENTLICH-RECHTLICHE RUNDFUNK UND DIE DIGITALISIERUNG

Besteht ein Rundfunkauftrag auch im Internet?

ibidem-Verlag
Stuttgart

Bibliografische Information der Deutschen Nationalbibliothek
Die Deutsche Nationalbibliothek verzeichnet diese Publikation in der Deutschen Nationalbibliografie; detaillierte bibliografische Daten sind im Internet über http://dnb.d-nb.de abrufbar.

Bibliographic information published by the Deutsche Nationalbibliothek
Die Deutsche Nationalbibliothek lists this publication in the Deutsche Nationalbibliografie; detailed bibliographic data are available in the Internet at http://dnb.d-nb.de.

∞

Gedruckt auf alterungsbeständigem, säurefreien Papier
Printed on acid-free paper

ISBN-13: 978-3-8382-0929-6

Printed in Germany

A. Allgemeiner Teil – Die „dienende“ Rundfunkfreiheit

I. Einleitung

1. Problemaufriss

Die Aufgabe der Rechtsordnung und der Rechtswissenschaft ist es, auf Probleme, die im Zuge von gesellschaftlichen Entwicklungen auftreten, zu reagieren und Lösungen aufzuzeigen. Die Nutzung und die Vielfalt der Medien zu Beginn des 21. Jahrhunderts befinden sich inmitten einer bedeutenden Beschleunigung. Das veränderte Verhalten wird hervorgerufen durch den Ausbau der Kommunikationstechnik, die Erschwinglichkeit der technischen Endgeräte und die damit einhergehend im Lebensalter früher einsetzende Gewöhnung an die neuen Kommunikationsformen.

Diese rasante Entwicklung begann bereits in den 1980er Jahren mit den durch Satelliten- und Kabeltechnik gestiegenen Möglichkeiten für Private, am kommunikativen Prozess teilzuhaben. Der Anstieg und die enorme Rezeption privater Hörfunk- und Fernsehprogramme sind dafür ebenso ein Anzeichen wie auch die Diversifizierung der Medienformen und der Endgeräte.[1] Hatte bereits im Jahr 1987 die technische Möglichkeit, den sogenannten Videotext auf freien Sendefrequenzen zusätzlich zum Fernsehprogramm zu senden, für erheblichen Rechtsstreit zwischen privatwirtschaftlicher Presse und öffentlich-rechtlichem Rundfunk gesorgt[2], so sollte dies doch nur eine Vorahnung der juristischen Herausforderungen sein, die im Zuge des spätestens im Jahre 1995 aufkommenden Internets entstanden. Die einsetzende Verbreitung der *personal computer* sowie der bis heute anhaltende Ausbau des Zugangs der privaten Haushalte zum *World Wide Web*[3] führten zu einer Fülle an rechtswissenschaftlichen Fragestellungen und Problemen – beispielsweise im

---

[1] Das Aufkommen der CD-Rom verdrängte beispielsweise nahezu komplett ältere analoge Formen wie die Schallplatte oder die Kassette. Noch 1974 besaßen nur 28 von 100 Haushalten einen Farbfernsehr, 1980 lag dieser Wert bereits bei 73 Prozent, vgl. *Walter Klingler*, Die Fernsehkonsumenten, in: *Leonhardt/Ludwig/Schwarzer/Straßner* (Hrsg.), Medienwissenschaft, Bd. 3, Berlin 2003, 2280-2285, 2281. Bereits seit dem Jahr 2004 liegt die Ausstattung privater Haushalte mit Fernsehgeräten bei über 95 Prozent, vgl. *Statistisches Bundesamt*, Fachserie 15, Reihe 2, Ausstattung privater Haushalte mit ausgewählten Gebrauchsgütern 2010, Wiesbaden 2011, 13.

[2] BVerfGE 74, 297, 350ff.

[3] Vgl. *Statistisches Bundesamt*, Fachserie 15, Reihe 4, Private Haushalte in der Informationsgesellschaft - Nutzung von Informations- und Kommunikationstechnologien 2014, Wiesbaden 2015b, 30.

Arbeitsrecht[4], Urheberrecht[5], zum Datenschutz[6], zum Vertragsrecht im Internet[7] und ebenso zu strafrechtlichen Belangen[8]. Die massenhafte Nutzung neuer Kommunikationsformen wie *E-Mail*, *Chats*, *Video-Plattformen* und *sozialer Netzwerke* führte überdies auch zu einer Reihe von verfassungsrechtlichen Fragen, wie beispielhaft die Anwendbarkeit des Fernmeldegeheimnisses nach Art. 10 Abs. 1 GG im Onlinebereich.[9] Grundsätzlich musste geklärt werden, wie das Kommunikationshandeln im Internet grundrechtlich geschützt wird. Ist das Eintippen eines Kommentares in einen Chatverlauf durch die Meinungsfreiheit aus Art 5 Abs. 1 S. 1 GG geschützt oder fällt es bereits aufgrund seiner Textform unter den Schutzbereich der Pressefreiheit gemäß Art. 5 Abs. 1 S. 2 GG? Ist das Hochladen einer Videodatei auf eine allgemein zugängliche Video-Plattform wie etwa *YouTube* bereits als Rundfunk im verfassungsrechtlichen Begriffsverständnis zu qualifizieren? Und, so ließe sich dies sogar weiterfragen, müsste daraus eventuell auch die Konsequenz folgen, dass für dieses Hochladen eine Genehmigung notwendig ist, wie es die Landesmediengesetze für den privaten Rundfunk vorsehen?[10] Der Streit um solche und ähnliche Fragen hält bis heute an.

Die juristische Debatte um die verfassungsrechtliche Einordnung der Internetkommunikation ist nach wie vor von keiner herrschenden Meinung, dafür aber durch eine Vielzahl an Vorschlägen und Wortmeldungen bestimmt. Keineswegs erleichtert wird diese Auseinandersetzung durch den bereits seit Längerem bekannten[11], aber in der jüngsten Vergangenheit umso deutlicher hervortretenden Entwick-

[4] Vgl. *Arno Frings/Ulrich Wahlers*, Social Media, iPad & Co. im Arbeitsverhältnis, BB2011, 3126-3133.

[5] Vgl. *Nicole Rademacher*, Urheberrecht und gewerblicher Rechtsschutz im Internet, Berlin 2003; *Jürgen Ensthaler/Stefan Weidert* (Hrsg.), Handbuch Urheberrecht im Internet, 2. Aufl., Frankfurt/Main 2010.

[6] Vgl. *Christoph Wegener/Joerg Heidrich*, Neuer Standard – Neue Herausforderungen: IPv6 und Datenschutz, CR 2011, 479-484; *Philip Scholz*, Datenschutz beim Internet-Einkauf, Baden-Baden 2003.

[7] Vgl. *Sascha Kremer*, Vertragsgestaltung bei Entwicklung und Vertrieb von Apps für mobile Endgeräte, CR 2011, 769-776.

[8] Vgl. *Annette Marberth-Kubicki*, Computer- und Internetstrafrecht, München 2005; *Eric Hilgendorf/Thomas Frank/Brian Valerius*, Computer- und Internetstrafrecht, Berlin/Heidelberg 2005; eine frühe Darstellung bei *Robert Jofer*, Strafverfolgung im Internet, Frankfurt/Main 1997.

[9] Vgl. *Rainer Grote*, Kommunikative Selbstbestimmung im Internet und Grundrechtsordnung, KritV 1999, 27-56, 27ff.

[10] Vgl. § 4 Abs. 1 Landesmediengesetz NRW, § 7 Abs. 1 Landesmediengesetz Thür.

[11] Vgl. *Friedrich Schoch*, Konvergenz der Medien, JZ 2002, 798-807.

lungseffekt der Medien: die Konvergenz.[12] Als im Jahr 1999 der erste Plasma-Fernseher zum Verkauf angeboten wurde, der die Röhrenfernseher ab diesem Zeitpunkt in erstaunlicher Schnelligkeit abzulösen begann[13], war ein wichtiger Schritt für eine Vermischung der Medienrezeption getan. Spätestens ab dem Jahr 2010 waren die Geräte so weit entwickelt, dass sie über ihre ursprüngliche Funktion der Wiedergabe des entlang eines Sendeplanes ablaufenden Programms weit hinauswuchsen. Die Fähigkeiten der neuen Geräte übertreffen die einzelnen Gerätefunktionen von Radio, TV-Gerät, Computer und Telefon und fusionieren sie zu ineinandergreifenden Kommunikationsformen. Die geräteübergreifende Fähigkeit, einen Zugang zum Netz herzustellen und als Eingabe- wie Ausgabegerät zu fungieren, lässt die Unterschiede der einzelnen Endgeräte verschwimmen. Mit modernen Fernsehern lässt sich mittels Eingabe über die Fernbedienung oder angeschlossener Tastatur problemlos im Internet surfen. Laptops und Computer können über eine Internetverbindung die inzwischen auch online vertretenen Fernsehprogramme und Radiosender wiedergeben. Das hat sogar die interessante Konstellation zur Folge, dass man über ein an das Internet angeschlossenes TV-Gerät das zu diesem Zeitpunkt laufende Fernsehprogramm einerseits über den üblichen Weg per Kabel oder Satellit ansehen kann, oder andererseits ebenjenes Fernsehprogramm über einen vom Rundfunkveranstalter im Internet eingestellten Stream abrufen kann. Dank der technisch fortgeschrittenen Leistungen ist ein Unterschied der Bild- und Tonqualität nicht mehr auszumachen. War nun die Medienrezeption über die modernen TV-Geräte und die feststehenden Computer noch an die eigene Wohnung ortsgebunden, fand die ohnehin veränderte Nutzung einen weiteren Schub durch die massenhafte Verbreitung des iPhones und daran anknüpfende Konkurrenzprodukte.[14] Diese Geräte haben weder optisch oder funktionell noch viel mit dem Vorgänger des Mobiltelefons zu tun. Smartphones sind im Grunde tragbare multimediale Computer. Neben der üblichen Einwahl in das Telefonnetz des Anbieters über die Sendefunkmasten besitzen sie zudem entweder die Technik des Mobilfunkstandards der

---

[12] Grundlegend hierzu *Uwe Hasebrink/Lothar Mikos/Elisabeth Prommer*, in: *dies*. (Hrsg.) Mediennutzung in konvergierenden Medienumgebungen, München 2004, 9ff; *Ulrike Wagner*, Medienkonvergenz aus der Perspektive Heranwachsender, in: *Ulrike Wagner/Helga Theunert* (Hrsg.), Neue Wege durch die konvergente Medienwelt, München 2006, 13-34; zur konvergierenden Mediennutzung siehe *Helena Bilandzic/Holger Schramm/Jörg Matthes*, Medienrezeptionsforschung, Konstanz/München 2015, 20f.

[13] Der Anteil von deutschen Haushalten ausgestattet mit einem Flachbildfernseher lag 2009 bei einem Wert von 25,8 Prozent. Nur fünf Jahre später lag dieser Anteil schon bei 76,4 Prozent, vgl. *Statistisches Bundesamt*, Fachserie 15, Reihe 2, Ausstattung privater Haushalte mit ausgewählten Gebrauchsgütern 2014, Wiesbaden 2015a, 12.

[14] Bekannt unter dem Sammelbegriff des Smartphones.

dritten Generation (3G)[15] oder neuerdings auch der vierten Generation.[16] Diese in die Smartphones und auch in Tablet-PCs eingebauten Technologien erlauben es dem Nutzer, selbst unterwegs einen Zugang zum Internet herzustellen, der solch stabile Übertragungswege aufbaut, dass problemlos und ohne Zeitverzögerung Hörfunkprogramme, Videos und ganze Filme abgespielt werden können. Grundlegend entwickelt sich das World Wide Web insbesondere unter Jugendlichen zur primären Informationsquelle.[17] Durch die Vermischung von Eingabe und Ausgabe sowie durch die gleichzeitig nutzbaren Medienformen von Text, Ton, Bild usw. geben die mobilen Smartphones dem Konvergenztrend der Medien einen unvorhergesehenen Schub, weshalb sie oftmals als die „Konvergenzmaschinen“ schlechthin gelten.[18] Allein während schnellen Auto- oder Zugfahrten und in Teilen des ländlichen Raumes kommt es noch zu Verbindungsproblemen.

Die Rechtswissenschaft, die allein durch das Aufkommen des Internets vor einer Vielzahl an Fragen steht, sieht ihre Begriffe durch die gewandelte Mediennutzung einer großen Herausforderung ausgesetzt.[19] Verfassungsrechtliche Begriffe aus einer Zeit, in der selbst etwas wie der Videotext undenkbar war, müssen mit einigem Aufwand gegenüber den modernen Begebenheiten ausgelegt werden. Angesichts der Verschmelzung der Endgeräte und ihren Möglichkeiten, starre und bewegte Bilder, Text und Ton sowie die passive Rezeption und die aktive Beteiligung an Kommunikation zeitgleich zu verbinden, stellen sich Fragen nach der Gültigkeit der dogmatisch fein untergliederten Begriffe der Meinungs-, Presse- und Rundfunkfreiheit des Art. 5 Abs. 1 GG.

Insbesondere für die rechtsdogmatische Ordnung des Rundfunks in Deutschland hat die massenhafte Nutzung des Internets eine juristische Debatte ausgelöst, die noch nicht im Geringsten ausgefochten zu sein scheint. Dies liegt begründet in der „Sondersituation“[20] des Rundfunks, der in Form einer dualen Ordnung[21] sowohl von öffentlich-rechtlichen Rundfunkanstalten, als auch von privaten Rundfunkveranstaltern angeboten wird. Die gebührenfinanzierten öffentlich-rechtlichen Rundfunkanstalten stützen ihre Legitimation auf eine vom Bundesverfassungsgericht

---

[15] Dies sind Universal Mobile Telecommunications System (UMTS) oder der High Speed Download Packet Access (HSDPA).

[16] Sogenannte Next Generation Mobile Networks (NGMN), die eine Übertragungsgeschwindigkeit von bis zu 100 Megabits pro Sekunde erreichen können.

[17] Vgl. *Wagner* 2006, 26.

[18] Vgl. *Nele Julie Todsen*, Grenzen gebührenfinanzierter Telemedien, Berlin 2013, 50; *Stephan Ory*, Rundfunk und Presse im Internet, AfP 2010, 20-25, 20f.

[19] Vgl. *Helmuth Schulze-Fielitz*, in: *Horst Dreier* (Hrsg.), GG, Bd. 1, 3. Aufl., Tübingen 2013, Art. 5 I, II, Rn. 60f.

[20] Grundlegend BVerfGE 12, 205, 261.

[21] BVerfGE 73, 118, 125.

entwickelte Dogmatik des Rundfunks, die sich in den Anfangsjahren der Bundesrepublik noch auf das Argument der Senderknappheit berief und später auf einen öffentlich-rechtlichen Rundfunkauftrag, der Meinungsvielfalt und inhaltlichen Standard garantieren sollte.[22]

Den Trend zur Präsenz im Online-Bereich verfolgen auch die Rundfunkanstalten mit Vehemenz. Das laufende Programm lässt sich über Livestreams abrufen[23], in Mediatheken wird ein Großteil der zurückliegenden Sendungen archiviert und zum Abruf bereitgestellt. Ob Nachrichtensendung[24] oder Smartphone-Applikation[25], der Sonntagabendkrimi[26], eine Partnerbörse[27] oder kostenlose Klingeltöne – die öffentlich-rechtlichen Rundfunkanbieter nutzen die Möglichkeiten der Digitalisierung und der Präsentation auf eigenen Homepages, um ihr Rundfunkprogramm umfassend darzubieten.

Die Judikatur des Bundesverfassungsgerichts stellt jedoch keine Legitimation für ein unbegrenztes Wachstum der öffentlich-rechtlichen Rundfunkanstalten dar. Insbesondere vor dem Hintergrund der Gebührenfinanzierung der Rundfunkanstalten kann die Rechtmäßigkeit der deutlich gestiegenen Präsenz der Öffentlich-rechtlichen im Internet nicht ohne weiteres bejaht werden. Da sich der öffentlich-rechtliche Rundfunkauftrag aus der Verfassung selbst ergibt, muss auch Art. 5 Abs. 1 S. 2 GG Prüfungsmaßstab für diese Online-Aktivitäten sein.

2. Forschungsstand

Der rechtswissenschaftliche Streit rund um die Frage, ob die aus Art. 5 Abs. 1 S. 2 GG entwickelte Dogmatik auch für den Bereich des Internets gelten solle, verläuft grundsätzlich in drei verschiedenen Argumentationslinien. Ein Teil der Literatur sieht in der Onlinekommunikation lediglich die Ausformung von Individualkom-

---

[22] BVerfGE 73, 118, 152.

[23] *ZDF*: »http://www.zdf.de/ZDFmediathek/hauptnavigation/live#/hauptnavigation/live«; *ARD*: »http://www.daserste.de/live/index.html« (Stand 31.10.2015).

[24] Siehe »www.tagesschau.de.« (Stand 31.10.2015).

[25] Zum Download verfügbar unter »https://www.tagesschau.de/app/«. Zur juristischen Streitigkeit um die Zulässigkeit der Tagesschau-App, die auch in diesem Zusammenhang von Bedeutung sein wird, vgl. *LG Köln*, Urteil v. 27.09.2012, Az. 31 O 360/11, JZ 2013, 100-103; *Christian Starck*, Urteilsanmerkung zu LG Köln, JZ 2013, 103-104; *OLG Köln*, Zulässigkeit der mobilen Übertragungsform eines bereits genehmigten Telemedienangebots – Tagesschau-App, GRUR-RR 2014, 342-347; *OLG Köln*, Urteil v. 20.12.2013 Az. 6 U 188/12, MMR 2014, 199-201; *Karl-Nikolaus Peifer*, Tagesschau-App zulässiges Telemedienangebot, GRUR-Prax 2014, 44; *Thomas Wierny*, App-Streit Runde Zwei, ZUM 2014, 196-201; jüngst *BGH*, Urt. v. 30.04.2015, Az. I ZR 13/13.

[26] Siehe »http://www.daserste.de/unterhaltung/krimi/tatort/index.html« (Stand 31.10.2015).

[27] Siehe »https://freundeskreis.einslive.de/web/freundeskreis/profile« (Stand 31.10.2015).

munikation, weshalb hier die (massenkommunikative) Rundfunkfreiheit des Grundgesetzes überhaupt nicht einschlägig sei, sondern vielmehr der Schutzbereich der Meinungsfreiheit aus Art. 5 Abs. 1 S. 1 GG eröffnet sein müsse.[28] Insofern wird vertreten, das Verhalten im Netz müsse mehr durch die abwehrrechtliche Komponente der Meinungsfreiheit als durch eine institutionalisierte Rundfunkfreiheit im Internet grundrechtlich geschützt werden.

Die Gegenposition dazu hält die verfassungsrechtlichen Merkmale des Rundfunkbegriffs hingegen auch im World Wide Web für anwendbar und spricht sich insofern auch für eine Rundfunkmäßigkeit der Internetkommunikation aus.[29] Pluralismus und Vielfalt der Meinungen könnten in dieser Lesart auch im Internet bestimmten Gefahren und Einengungen ausgesetzt sein, weshalb die dienende Rundfunkfreiheit auch auf den Onlinebereich ausgedehnt werden müsse.[30]

Eine dritte Gruppe in der Literatur unternimmt hingegen den Versuch, sich von diesem Streit zu lösen. In Abkehr von der Rundfunkdogmatik des Bundesverfassungsgerichts versucht sie, Rundfunk lediglich als eine Unterkategorie der Meinungsfreiheit zu klassifizieren. Art. 5 Abs. 1 GG solle als ein *einheitliches* Kommunikationsgrundrecht neu konstituiert werden. In der Konsequenz lehnen die Vertreter dieser Ansicht eine gebührenfinanzierte öffentlich-rechtliche Rundfunkveranstaltung, wie sie aktuell existiert, ab. Sie plädieren hingegen für ein marktorientier-

[28] Vgl. *Christoph Degenhart*, Der Funktionsauftrag des öffentlich-rechtlichen Rundfunks in der „Digitalen Welt“, Heidelberg 2001, 53ff; *Christoph Degenhart,* in: Bonner Kommentar zum Grundgesetz, 113. Ergänzungslieferung, Heidelberg 2004, Art. 5 Abs. 1 und 2, Rn. 698; *Grote* KritV 1999, 27f; *Hanno Kube*, Neue Medien – Internet, in: *Josef Isensee/Paul Kirchhof* (Hrsg.), Handbuch des Staatsrechts, Bd. IV, 3. Aufl., Heidelberg 2006, § 91, Rn. 14; *Reinhart Ricker*, Rundfunkgebühren für Computer mit Internet-Zugang?, NJW 1997, 3199-3205, 3201; *Reinhart Ricker/Peter Schiwy*, Rundfunkverfassungsrecht, München 1997, 77ff; *Karl-Heinz Ladeur*, Zur Verfassungswidrigkeit der Regelung des Drei-Stufen-Tests für Onlineangebote des öffentlich-rechtlichen Rundfunks nach § 11f RStV, ZUM 2009, 906-914, 909, wesentlich differenzierter argumentiert *Franz-Joseph Peine*, Das Internet als Rundfunk im Sinne von Art. 5 Abs. 1 Satz 2 GG, in: FS Hans-Ernst Folz, hg. v. *Franz Zehetner*, Wien 2003, 257-282, 276, 280f.

[29] *Ralf Röger*, Internet und Verfassungsrecht, ZRP 1997, 203-211, 205; *Albrecht Hesse*, Rundfunkrecht, 3. Aufl., München 2003, 135f; detailliert differenzierend zählt *Herbert Bethge*, in: *Michael Sachs* (Hrsg.) Grundgesetz, 7. Aufl., München 2014, Art. 5, Rn. 90b außer E-Mails, „private“ Chats und Online-Banking jede Internetkommunikation zum Rundfunk; *Hans Jarass* in: *Hans Jarass/Bodo Pieroth*, GG, 13. Aufl., München 2014, Art. 5, Rn. 110f legt eine Zuordnung zur Rundfunkfreiheit nahe, will aber auch Beispiele für die Pressefreiheit erkennen; *Mario Martini*, Auch im Internet in der ersten Reihe? DVBl. 2008, 1477-1485, 1479f; *Peter Badura*, Die öffentlich-rechtlichen Rundfunkanstalten bieten Rundfunk und Telemedien an, AöR 134 (2009), 240-267, 258; *Hans-Jürgen Papier/Meinhard Schröder*, Verfassungsfragen des Drei-Stufen-Tests, Baden-Baden 2011, 79; *Heiko Neuhoff*, Die Dynamik der Medienfreiheit am Beispiel von Presse und Rundfunk, ZUM 2012, 371-383, 374; *Stefan Korte*, Die dienende Funktion der Rundfunkfreiheit in Zeiten medialer Konvergenz, AöR 139 (2014), 386-419, 393.

[30] Vgl. *Thomas Vesting*, Der öffentlich-rechtliche Rundfunk im Internet, Frankfurt/Main 2003, 1.

tes Modell mit einem Legitimierungsvorbehalt für öffentlich-rechtliche Rundfunkangebote im Falle von offensichtlichen Vielfaltsdefiziten.[31]

3. Gang der Untersuchung

Die öffentlich-rechtlichen Rundfunkangebote finden in einem verfassungsrechtlichen und einfachgesetzlichen Ordnungsrahmen statt. Wenn die Rundfunkanstalten nun, wie angedeutet, ihre Angebote über den klassischen Rundfunk hinaus auf den Online-Bereich erweitern, so ist die Frage nach der Zulässigkeit dieser Entwicklung durchaus berechtigt. Ihre Existenz und Finanzierung verdanken die Rundfunkanstalten einem verfassungsrechtlichen Auftrag, der sie verpflichtet, die Meinungsvielfalt im Rundfunk zu sichern. Dieser Auftrag begründet sich aus der besonderen Suggestivkraft des Rundfunks und der demokratischen Funktion der Meinungsbildung. Wird das Rundfunkangebot auf das Internet erweitert, ist zunächst der Frage nachzugehen, ob dies vom Rundfunkauftrag und von der Rundfunkfreiheit umfasst ist. Dieser Problemstellung will vorliegender Beitrag nachgehen. Die zentralen Fragestellungen lauten daher: *Was ist der öffentlich-rechtliche Rundfunkauftrag? Ist der verfassungsrechtliche Rundfunkbegriff auf die Internetkommunikation anwendbar? Kann ein öffentlich-rechtlicher Rundfunkauftrag für das Internet legitimiert werden? Besitzt die Internetkommunikation eine eigene Suggestivkraft? Worin liegen die Grenzen für öffentlich-rechtliche Rundfunkangebote im Online-Bereich?*

Um dieser komplizierten Gemengelage nachzugehen, lohnt es sich, die Entwicklungslinien und die Legitimierung des öffentlich-rechtlichen Rundfunks in Deutschland nachzuzeichnen. Darauf aufbauend können dann Rückschlüsse für die Onlineaktivitäten der Rundfunkanstalten gezogen werden und die Frage nach der Zulässigkeit dieser Angebote beantwortet werden. Zu diesem Zweck teilt sich die vorliegende Untersuchung in zwei Teile. Der allgemeine Teil A wird im Anschluss an diese Einleitung die historischen Wurzeln des öffentlich-rechtlichen Rundfunks

[31] Vgl. *Schoch* JZ 2002, 806 will durch Schaffung eines einheitlichen Ordnungsrahmens die Aufgabe der öffentlich-rechtlichen Rundfunkanstalten erheblich einschränken; *Hubertus Gersdorf*, Verbot presseähnlicher Angebote des öffentlich-rechtlichen Rundfunks, AfP 2010, 421-434; *ders.*, Legitimation und Limitierung von Onlineangeboten des öffentlich-rechtlichen Rundfunks. Konzeption der Kommunikationsverfassung für das 21. Jahrhundert, Berlin 2009, 50ff u. 95; *Friedrich Schoch*, Öffentlich-rechtliche Rahmenbedingungen einer Informationsordnung, Veröffentlichung der Vereinigung Deutscher Staatsrechtslehrer (VVDStRL) 57, Berlin 1998, 158-212, 193ff; *Ralf Müller-Terpitz*, Öffentlich-rechtlicher Rundfunk und Neue Medien – eine gemeinschafts- und verfassungsrechtliche Betrachtung, AfP 2008, 335; zur Kritik einer allgemeinen Kommunikationsfreiheit *Thomas Vesting*, Prozedurales Rundfunkrecht, Baden-Baden 1997, 214ff.

in Deutschland erörtern (A. II.) und hierbei insbesondere auf die frühen Weichenstellungen in der Weimarer Republik eingehen und ebenso die in der Bundesrepublik entwickelte Judikatur des Bundesverfassungsgerichts einordnen. Aufbauend auf diese Grundlegungen wird danach das verfassungsrechtliche Gefüge der deutschen dualen Rundfunkordnung untersucht (A. III.). Die hierbei entwickelten Grundsätze des Rundfunkauftrags und der Entwicklungsgarantie sind unmittelbare Anknüpfungspunkte für den Besonderen Teil B der Untersuchung. Dieser Teil widmet sich speziell der rechtswissenschaftlichen Bewertung der öffentlich-rechtlichen Onlineangebote. Dabei ist zuvörderst zu prüfen, ob der verfassungsrechtliche Rundfunkbegriff überhaupt auf die für das Internet spezifische Kommunikation übertragen werden kann (B. I.) bzw. für welche Fälle er gilt. Daraufhin wird geprüft, ob die einschlägigen rundfunkmäßigen Onlineangebote der Rundfunkanstalten ebenso von der Rundfunkordnung legitimiert sind (B. II.). Dabei wird insbesondere der Frage nachgegangen, ob sich ein Rundfunkauftrag nach Art. 5 Abs. 1 S. 2 GG auch für das Internet erkennen lässt. Die hieraus gewonnenen Erkenntnisse sollen in einem letzten Schritt auf die verschiedenen tatsächlichen Onlineangebote der öffentlich-rechtlichen Rundfunkanstalten angewandt werden und die jeweilige Zulässigkeit untersucht werden (B.III.). Daraufhin endet die Untersuchung mit der Schussbetrachtung der zentralen Ergebnisse dieses Beitrages (B.IV.).

II. Historische Entwicklung des öffentlich-rechtlichen Rundfunks in Deutschland

Ein Blick auf die historischen Ursprünge des Rundfunks in Deutschland kann jene Entwicklungslinien aufzeigen, die sich bis heute auf die „Sondersituation“ der Rundfunkordnung auswirken. Das Rundfunkrecht ist besonders geprägt von seinen Anfängen in der Weimarer Republik und durch den Missbrauch während der Zeit des Nationalsozialismus.

1. Anfänge des Rundfunkrechts

Das Rundfunkrecht ist ein vergleichbar junges Rechtsgebiet. Erst 1887 entdeckte der Physiker Heinrich Hertz die Funkübertragung durch elektromagnetische Schwingungen. Zunächst für den Seefunk genutzt, kam dem Rundfunk erstmals im Ersten Weltkrieg eine größere Bedeutung zu.[32] Es war in den Anfangsjahren der Weimarer Republik die Deutsche Reichspost gewesen, auf deren Betreiben ein allgemeiner Rundfunk errichtet werden sollte.

Das alleinige Recht, Telegrafenanlagen zu errichten und zu verwalten bestand, ausschließlich für das Reich, bereits seit dem Telegrafengesetz vom 06. April 1892.[33] Telegrafenanlagen konnten gemäß § 1 Telegrafengesetz nur durch die Reichspost errichtet werden. Es bestanden jedoch Ausnahmen durch § 3, die es auch Privaten erlaubten, ohne Genehmigung eigene Anlagen aufzustellen. Sowohl die Verwaltungshoheit der Reichspost als auch die Ausnahmen der Genehmigungen galten aufgrund der damaligen Technik zunächst nur für die terrestrische Telegrafie per Kabel. Durch die technische Möglichkeit der drahtlosen Übermittlung durch den Funk (Funktelegrafie) musste auch das Telegrafengesetz angepasst werden.[34] Dies geschah durch die „Funkgesetznovelle“ vom 07. März 1908[35]. Hierdurch wurden auch die Ausnahmen der Genehmigungen für Private gestrichen und der körperlose Funk grundsätzlich unter Genehmigungsvorbehalt durch das Reich gestellt.[36]

[32] Vgl. *Hesse* 2003, 1.
[33] Gesetz über das Telegrafenwesen des Deutschen Reichs, RGBl. 1892 vom 06. April, 467.
[34] Vgl. *Carsten Oermann*, Rundfunkfreiheit und Funkanlagenmonopol, Berlin 1997, 19f.
[35] Gesetz zur Abänderung des Telegrafengesetzes, RGBl. 1908 vom 07. März, 79.
[36] Vgl. *Michael Kloepfer*, Technikentwicklung und Technikrechtsentwicklung, Berlin 2000, 128.

2. Weimarer Republik

Nachdem sich bereits der Rundfunk in Großbritannien und in den Vereinigten Staaten großer Beliebtheit bei der Bevölkerung erfreute, entstand auch in Deutschland der Wille nach einem allgemein angebotenen Rundfunkprogramm. Die Deutsche Reichspost behielt dabei allein aufgrund ihres Verwaltungsmonopols eine zentrale Rolle. Der damals für ein Rundfunkprogramm zu betreibende finanzielle Aufwand stellte die Reichpost jedoch vor Probleme, weshalb sie sich gezwungen sah, auch Private einzubinden.[37] Ruft man sich die politischen und gesellschaftlichen Wirren der Anfangszeit der Weimarer Republik vor Augen[38], so wird verständlich, dass die Reichspost den Einfluss von politischen oder wirtschaftlichen Interessengruppen auf den Rundfunk verhindern wollte. Die Kooperation sollte daher von Beginn an unter staatlicher Kontrolle stattfinden; die Reichspost wollte den Rundfunk und somit die Hörer des Rundfunks von Umsturzversuchen und von politischem Parteienstreit fernhalten[39]; der Reichsinnenminister wollte den Rundfunk nicht „irgendwelche[n] Privatgesellschaften, deren Einstellung zur jeweiligen Reichsregierung zweifelnd und schwankend ist“ überlassen.[40]

Die erste von Schallplatten abgespielte Musikstunde wurde am 29. Oktober 1923 durch das Berliner Voxhaus über den Rundfunk übertragen. Das Reichsinnenministerium unterstützte seit Ende 1923 die beiden privaten Funkhäuser „Drahtloser Dienst AG“ und die „Deutsche Stunde“. Waren es im Dezember 1923 noch 467 registrierte Hörer[41] stiegt diese Zahl auf 10.000 im April 1924 und auf 2,8 Millionen im Jahr 1929.[42] Die Rundfunkwirtschaft wuchs in den wenigen Jahren der Weimarer Republik bedeutend an: bis 1929 waren 1585 feste und 38.000 freie Mitarbeiter im Rundfunk beschäftigt, es wurden ganze Chöre und Orchester unterhalten.[43] Gleichwohl fanden sich die Hörer trotz der weiten Verbreitung des Rundfunks vornehmlich in den Städten.

---

[37] Vgl. *Hesse* 2003, 2.

[38] Vgl. neben vielen anderen *Ursula Büttner*, Weimar. Die überforderte Republik, Bonn 2010, 182ff.

[39] Darin liegt durchaus eine interessante Logik. In der Weimarer Republik wurde versucht, den Rundfunk vor den Parteien zu schützen, indem man ihn staatlich organisierte. In der Bundesrepublik wiederum wurde es das Ziel, den Rundfunk vor staatlichen Einflüssen zu schützen und organisierte ihn daher öffentlich-rechtlich. Trotz des gegensätzlichen Ansatzes wurde Rundfunk in beiden Fällen als „öffentliche Aufgabe“ betrachtet, vgl. *Hesse* 2003, 2.

[40] *Winfried Lerg*, Die Entstehung des Rundfunks in Deutschland, Frankfurt/Main 1965, 149.

[41] Vgl. *Hesse* 2003, 2.

[42] Vgl. *Büttner* 2010, 318.

[43] Vgl. *Büttner* 2010, 318.

Bis zur Rundfunkordnung von 1926 war die Rundfunkwirtschaft ein kaum reguliertes Feld. Die einzigen umfangreichen Genehmigungen waren an die „Deutsche Stunde" und die „Dragag" durch die Reichspost erteilt worden. Gleichwohl hatten sich über das gesamte Reichsgebiet neue Regionalgesellschaften gegründet.[44] Das Bestreben der jungen privaten Rundfunkgesellschaften, sich in einem eigenen „Reichsrundfunkverband", einem eingetragenen Verein, zu organisieren, wurde von der Reichsebene versucht zu unterbinden.[45] Mit dem Druckmittel, notfalls keine weiteren Konzessionen zu erteilen, zwang die Reichspost die Rundfunkgesellschaften, sogenannte „Ausführungsverträge" zu den Genehmigungen zu unterzeichnen.[46] Bedingung dieser Verträge war es zum einen, dass 51 v. H. der Aktienanteile der Rundfunkgesellschaften in die Hand der Reichspost übertragen wurden und zum anderen, dass alle Rundfunkgesellschaften der Dachgesellschaft „Reichs-Rundfunk-Gesellschaft" beizutreten hatten.[47] Auf diese Weise verschaffte sich das Reich eine beherrschende Stellung über die Rundfunkgesellschaften.[48]

Da die Länder auch zur Zeit der Weimarer Reichsverfassung die Kulturhoheit innehatten, mussten die Reichspost sowie das mittlerweile im Rundfunk stark engagierte Reichsinnenministerium einsehen, dass eine Beteiligung der Länder an der Programmgestaltung und am wirtschaftlichen Erfolg nicht zu umgehen war.[49] Neben Württemberg und Bayern betonte besonders Preußen seine kulturhoheitlichen Forderungen gegenüber dem Reich.[50] Die rundfunkpolitischen Ziele der staatlichen Kontrolle und der Länderbeteiligung wurden Ende 1926 mit der ersten Rundfunkordnung[51] erreicht. Hierdurch wurde ein „Überwachungsausschuss" für jede Rundfunkgesellschaft eingerichtet, der aus je einem Vertreter des Reiches und zwei Vertretern des entsprechenden Landes zusammengesetzt war. Der Überwachungsausschuss übte eine umfassende Vorabkontrolle über die Programmsendungen aus. Überdies wurde die Veranstaltung von „Nachrichten- und Vortragsdiensten" unter bestimmte „Richtlinien" gestellt, die eine Parteilichkeit der Nachrichten verbot.

---

[44] Vgl. *Konrad Dussel*, Deutsche Rundfunkgeschichte, 3. Aufl., Konstanz 2010, 31.

[45] Vgl. *Dussel* 2010, 33.

[46] Abgedruckt in *Lerg* 1965, 245ff.

[47] Vgl. *Winfried Lerg*, Rundfunkpolitik in der Weimarer Republik. Rundfunk in Deutschland, Bd. 1, hg. v. *Hans Bausch*, München 1980, 250; *Lerg* 1965, 245. Zu den Folgen für den süddeutschen Rundfunk in dieser Episode siehe *Heinrich Brunswig/Eberhard Klumpp/Dietrich Schwarze*, Großsender Mühlacker. Zur Technik- und Rundfunkgeschichte, Stuttgart 1980, 19ff.

[48] Vgl. *Konrad Dussel*, Hörfunk in Deutschland. Politik, Programm, Publikum, Potsdam 2002, 48.

[49] Vgl. *Lerg* 1980, 223.

[50] Vgl. *Lerg* 1980, 224f.

[51] Vgl. Reichstagsdrucksache III/Nr. 2776 vom 07. Dezember 1926, abgedruckt in *Lerg* 1965, 368ff.

Die Reform der Rundfunkordnung von 1932 schuf schließlich eine komplette Verstaatlichung der Rundfunkwirtschaft in Deutschland.[52] Die Reichs-Rundfunk-Gesellschaft sowie die Regionalgesellschaften wurden allesamt verstaatlicht und jeweils in die Form einer GmbH umgewandelt, deren Anteile zu 51 v. H. in der Hand des Reiches, 49 v. H. bei den Ländern lagen. Die staatliche Aufsicht über den Rundfunk wurde durch „Rundfunkkommissare" ausgeübt, die Entscheidungen über Personalfragen und Programmsendungen treffen konnten. Zusätzlich war die Programmgestaltung dem Einfluss von staatlichen Programmbeiräten ausgesetzt.[53] Damit wurde zum Ende der Weimarer Republik der Rundfunk, von dem sich die Reichspost aufgrund der finanziellen Hürden ferngehalten hatte und der stattdessen durch private Rundfunkgesellschaften errichtet wurde, nicht einmal zehn Jahre nach der ersten Rundfunksendung doch komplett verstaatlicht. Die Begründung hierfür bot von Beginn an „die staatspolitische Notwendigkeit, Maßnahmen zu treffen, um eine politisch oder kulturell mißbräuchliche Ausnutzung der rundfunktechnischen Möglichkeiten zu verhindern."[54]

3. Nationalsozialismus

Ein Merkmal der nationalsozialistischen Herrschaft war die Fähigkeit, große Teile der Bevölkerung massenhaft zu mobilisieren und zu beeinflussen. Das zur Machtübernahme durch die Nationalsozialisten noch sehr junge Medium Rundfunk bot sich hierfür bestens an. Dementsprechend wichtig war es dem neuen Regime, sich die Rundfunkordnung für die eigenen politischen Zwecke anzueignen.[55] Die erst ein Jahr zuvor reformierte Rundfunkordnung, die den Rundfunk bereits unter staatliche Kontrolle gestellt hatte, musste von den Nationalsozialisten nur geringfügig angepasst werden. Ein erster Schritt war die „Verordnung über die Aufgaben des Reichsministeriums für Aufklärung und Propaganda"[56], durch die jene Aufgabenbereiche des Rundfunks dem Reichsinnenministerium und der Reichspost entzogen und in den Geschäftsbereich des Reichspropagandaministeriums überführt wurden.[57] Bereits zuvor wurde auf Druck des Reichsinnenministeriums unter Wilhelm Frick der Grundsatz der Unparteilichkeit der Rundfunksendungen gegen den Ein-

[52] Vgl. *Büttner* 2010, 319.
[53] Vgl. *Dussel* 2002, 54; *Lerg* 1980, 465f.
[54] Reichstagsdrucksache III/ Nr. 2776 vom 07. Dezember 1926.
[55] Vgl. *Hesse* 2003, 6.
[56] Verordnung vom 30. Juni 1933, RGBl. I 1933, 449.
[57] Vgl. *Ansgar Diller*, Rundfunkpolitik im Dritten Reich. Rundfunk in Deutschland, Bd. 2, hg. v. *Hans Busch*, München 1980, 78-88.

spruch einiger Länder aufgegeben.[58] Anschließend wurden oppositionelle und jüdische Rundfunkmitarbeiter entlassen[59] und im Zuge der allgemeinen Zentralisierung Deutschlands mussten die Länder ihre Beteiligung von 49 Prozent der Anteile an den Regionalgesellschaften an die Reichsrundfunkgesellschaft verkaufen.[60] Schließlich wurde mit der Verordnung vom 01. November 1933 die „Reichsrundfunkkammer" eingerichtet – eine nationalsozialistische Berufskammer, deren Mitgliedschaft die Voraussetzung für eine berufliche Tätigkeit im Rundfunkbereich war.[61] Der Nationalsozialismus nutze die Verführbarkeit der neuen technischen Möglichkeiten durch den Rundfunk von Beginn an aus und kehrte die in der Weimarer Republik aufgestellten Prinzipien der staatlich kontrollierten Unparteilichkeit des Rundfunks um in einen Staatsrundfunk, der ganz im Auftrag der nationalsozialistischen Regierungs- und Parteimeinung stand.

4. Grundlegungen für die Rundfunkordnung der Bundesrepublik

Nicht nur die negativen Erfahrungen des Missbrauchs des Rundfunks durch den Nationalsozialismus haben die Ausgestaltung des Rundfunkwesens in der Bundesrepublik Deutschland stark beeinflusst. Auch manche Weichenstellungen der Weimarer Republik wirken sich bis heute auf den Rundfunk aus. Dabei ist zunächst das Verständnis des Rundfunks als „öffentliche Aufgabe" zu nennen, das im Gegensatz zur privatwirtschaftlich organisierten Presse steht. Dieses Verständnis sollte, wie nachfolgend gezeigt wird, bereits während der Besatzungszeit und in den Anfangsjahren der Bundesrepublik seine Auswirkungen zeigen. Zum zweiten ist die historische Trennung der Rundfunkkompetenzen zwischen der rundfunktechnischen und der rundfunkinhaltlichen Seite auch im Grundgesetz wiederzufinden. Drittens kann als deutliche Reaktion auf den Missbrauch im Nationalsozialismus das Prinzip der „Staatsfreiheit" des Rundfunks benannt werden. Hier folgte die Bundesrepublik bewusst nicht den Konzeptionen des staatlichen Einflusses der Weimarer Republik und des Nationalsozialismus.[62]

Die Neuausrichtung des Rundfunks nach 1945 war, und das sollte betont werden, das Ergebnis der Besatzungspolitik der Alliierten. Es gab hierbei zunächst keine einheitliche Linie aller Alliierten, weshalb in den einzelnen Zonen eigene Regelun-

[58] Vgl. *Diller* 1980, 64ff.
[59] Vgl. *Clemens Zimmermann*, Medien im Nationalsozialismus, Wien/Köln/Weimar 2007, 130.
[60] Vgl. *Hesse* 2003, 7; *Diller* 1980, 93.
[61] Insbesondere § 1 Nr. 6 und § 3 Erste Verordnung zur Durchführung des Reichskulturkammergesetzes vom 01. November 1933, RGBl. I 1933, 797.
[62] Vgl. *Hesse* 2003, 7f.

gen galten. Vornehmlich in der britischen Zone wurde das Konzept eines nicht staatlichen, aber öffentlich-rechtlich betriebenen Rundfunks umgesetzt. Weder staatlichen noch privaten Interessen sollte der Rundfunk, nach dem Vorbild der BBC, ausgesetzt sein.[63] Die amerikanische Zone setzte auf eine dezentrale Ausgestaltung des Rundfunks, die wirtschaftliche Lage ermöglichte es jedoch nicht, einen rein privatrechtlich organisierten Rundfunk der amerikanischen Tradition entsprechend einzuführen, weshalb auch hier ein öffentlich-rechtlicher Ansatz verfolgt wurde.[64] Seine Rechtsform fand der öffentlich-rechtliche Rundfunk nunmehr in der Anstalt des öffentlichen Rechts.[65] Dadurch wurde eine Konstellation für den Rundfunk geschaffen, die einerseits einem öffentlichen Zweck dient, gleichzeitig aber Autonomie und Selbstverwaltungsrechte schafft, die eine Unabhängigkeit der Rundfunkveranstalter von staatlichen Behörden ermöglichte.[66]

Die deutsche Post sah sich durch die alliierte Rundfunkkonzeption übergangen, betonte ihre aus der Weimarer Republik stammende und nun wieder auflebende Funkhoheit und versuchte, wieder im Rundfunk mitzubestimmen. Die Alliierten lehnten dies jedoch gegen den deutschen Widerstand ab. Schon im Jahr 1947 wurde durch Befehl vom 21. November des Militärgouverneurs in der amerikanischen Zone die Beteiligung der deutschen Post am Rundfunk verboten.[67] Ausnahmen bestanden nur, soweit die deutsche Post im Auftrag der Landesregierungen die Rundfunkgebühren erhob und die Kabelverbindungen sowie den Entstörungsdienst ver-

---

[63] Vgl. *Wolfgang Benz*, Auftrag Demokratie. Die Gründungsgeschichte der Bundesrepublik und die Entstehung der DDR 1945-1949, Bonn 2010, 150f.

[64] Vgl. *Ludwig Maaßen*, Der Kampf um den Rundfunk in Bayern: Rundfunkpolitik in Bayern 1945-1973, Berlin 1979, 16f.

[65] Vgl. zur Errichtung des Nordwestdeutschen Rundfunks: Verordnung Nr. 118, Amtsblatt der Militärregierung – Deutschland (Britische Zone), Nr. 30 vom 06. August 1949, Teil 10 B. Insbesondere Art. 1 Nr. 1: „als eine Anstalt des öffentlichen Rechts mit Hauptsitz in Hamburg“ und Artikel 2: „Die Aufsicht [...] durch Organe der Behörden des Staates [...] findet nicht statt.“; zum Südwestfunk siehe die Ausführungen zur Verordnung Nr. 187 der französischen Militärregierung bei *Oliver Kirschnek*, Landesmediengesetz Baden-Württemberg. Verfassungsrechtliche Grundprinzipien und Probleme, Berlin 1998, 31, siehe auch BVerfGE 12, 205, 210.

[66] Die Anstalt des öffentlichen Rechts stellt ebenso wie die Körperschaft des öffentlichen Rechts und die Stiftung des öffentlichen Rechts eine juristische Person des öffentlichen Rechts dar. Sie unterscheidet sich von der Körperschaft dahingehend, dass sie statt Mitgliedern (beispielsweise die Mitglieder einer Universität) Benutzer hat und eine öffentliche Aufgabe erfüllen soll. Eine Stiftung bekommt zudem einen Stiftungszweck und ein Stiftungsvermögen. Diese drei öffentlich-rechtlichen juristischen Personen sind durch die Trennung von der unmittelbaren Staatsverwaltung (rechtlich) selbständiger. Sie werden jeweils durch Rechtsakt geschaffen und können durch diesen ebenfalls eine eigene (Teil-)Rechtsfähigkeit erhalten, vgl. *Franz-Joseph Peine*, Allgemeines Verwaltungsrecht, Heidelberg 2008, Rn. 81-106.

[67] Vgl. *Hesse* 2003, 9; *Hans Peters*, Die Zuständigkeit des Bundes im Rundfunkwesen, Berlin/Heidelberg 1954, 19.

waltete.[68] Hierbei zeigte sich erneut die Aufteilung der Materie des Rundfunkrechts in eine inhaltliche und eine technische Seite. Konsequenterweise enteigneten die Alliierten die Postsender und übertrugen das Vermögen auf die neugegründeten Rundfunkanstalten.[69]

III. Verfassungsrechtliche Grundlegungen der Rundfunkordnung

Die Antwort, die das Grundgesetz mit seinem subjektivrechtlichen Grundrechtskatalog dem Machtmissbrauch während des Nationalsozialismus entgegensetzt[70], hat auch für das Rundfunkwesen wesentliche Bedeutung. Gleichwohl muss aber betont werden, dass bereits vor dem 23. Mai 1949 Entwicklungen im Rundfunk eingeleitet worden waren, die durch Art. 5 Abs. 1 S. 2 GG nicht aufgehoben wurden. Der Wiederaufbau des Rundfunks in den westlichen Besatzungszonen in der Rechtsform der öffentlich-rechtlichen Anstalt und unter dem Privileg der begrenzten staatlichen Aufsicht, wurde beibehalten.

Trotz der knappen Formulierung des Grundgesetzes, „die Freiheit der Berichterstattung durch den Rundfunk“ werde „gewährleistet“, hat sich eine im Vergleich zu anderen Grundrechten erstaunlich breit aufgestellte Dogmatik der Rundfunkfreiheit entwickelt. Ein Grund dafür liegt in der soeben aufgezeigten historischen Entstehung des Rundfunks und in seinem allzu schnellen Missbrauch durch die staatlichen Interessen. Doch darüber hinaus spielt besonders das Bundesverfassungsgericht eine tragende Rolle bei der Formulierung der Rundfunkordnung in der Bundesrepublik. In mittlerweile 14 Rundfunkentscheidungen hat das Bundesverfassungsgericht zu allen Teilfragen des Rundfunkrechts Stellung bezogen und dabei stets Freiheit und Ordnung des Rundfunks ausdifferenziert. In diesem Kapitel wird die Rundfunkrechtsdogmatik der dualen Rundfunkordnung in Deutschland untersucht und die einschlägige Rechtsprechung berücksichtigt. Von den Ergebnissen dieses Kapitels ausgehend kann anschließend geprüft werden, ob die Dogmatik auch für den vergleichsweise jungen Onlinebereich Geltung erlangen kann.

---

[68] Vgl. *Robert Dahl*, Radio: Sozialgeschichte des Rundfunks für Sender und Empfänger, Reinbeck 1983, 212.

[69] Vgl. *Hesse* 2003, 9.

[70] Vgl. *Josef Isensee*, in: Handbuch des Staatsrechts, Bd. IX (HStR IX), 3. Aufl., Heidelberg 2011, § 191, Rn. 32.

1. Kompetenzaufteilung im Rundfunkrecht

Der bereits aus der Weimarer Zeit stammende Konflikt um die Gesetzgebungs- und Verwaltungskompetenz für den Rundfunkbereich war zu Beginn der Bundesrepublik noch immer nicht gelöst.[71] Das Grundgesetz wies in Art. 73 Nr. 7 a.F. die Gesetzgebungskompetenz für das Post- und Fernmeldewesen und in Art. 87 Abs. 1 die Verwaltungskompetenz für die Bundespost eindeutig dem Bund zu.[72] Gleichwohl bestanden jedoch faktisch die Rundfunkanstalten der Länder aus der Besatzungszeit fort. Der Kompetenzkonflikt musste gelöst werden. Initiativen, den Rundfunk der Sphäre des Bundes unterzuordnen gingen bereits in der ersten Legislaturperiode von der Bundesregierung aus. Es war eine Schaffung einer Bundesrundfunkanstalt „Der deutsche Rundfunk" geplant[73], die jedoch mit Ablauf der Legislaturperiode gegenstandslos wurde. Im Jahr 1955 wurde nunmehr über den Verhandlungsweg zwischen Bund und Ländern versucht, dem Bund einen Einfluss auf das Rundfunkwesen, insbesondere die Programmgestaltung, einzuräumen. Der geplante Staatsvertrag scheiterte jedoch an der Weigerung der Länder, ihre Programmhoheit abzugeben.[74] Mit dem Jahr 1959 lief die Entwicklung auf eine direkte Konfrontation hinaus. Die Bundesregierung beabsichtigte durch ein „Bundesrundfunkrecht" drei Rundfunkanstalten[75] zu gründen.[76] Die Bundestagsmehrheit ließ sich jedoch nur für die Deutsche Welle und für den Deutschlandfunk finden, weshalb der Entwurf für das Deutschland-Fernsehen im später verabschiedeten Gesetz nicht enthal-

[71] Vgl. *Günter Herrmann*, Die Rundfunkanstalt, AöR (90) 1965, 286 u. 292. Noch 1954 leitete etwa Peters eine Zuständigkeit des Bundes aus der historischen Entwicklung und dem Ende des Besatzungsrechts her, vgl. *Peters* 1954, 31.

[72] Der Begriff des Fernmeldewesens war noch an den Begriff des Fernsprechwesens nach Art. 6 Nr. 7 WRV angelehnt, vgl. *Christian Seiler*, in: *Volker Epping/Christian Hillgruber*, GG, München 2009, Art. 73, Rn. 33. Damit war jedoch keineswegs der Streit um die Zuständigkeit für die inhaltliche Seite des Rundfunks entschieden.

[73] Vgl. §§ 1 und 19ff „Entwurf eines Gesetzes über die Wahrnehmung gemeinsamer Aufgaben auf dem Gebiet des Rundfunks, BT-Drks. 1/4198.

[74] Vgl. *Hesse* 2003, 16; BVerfGE 12, 205, 213.

[75] Die Deutsche Welle war für Sendungen in das Ausland vorgesehen (§ 13 Abs. 1 Bundesrundfunkgesetz), der Deutschlandfunk bekam die Aufgabe, für die Bundesrepublik, die DDR und für Europa Programme zu senden (§ 17 Abs. 1 Bundesrundfunkgesetz) und das Deutschland-Fernsehen sollte allen deutschen Fernsehteilnehmern „ein umfassendes Bild Deutschlands vermitteln" (§ 21 Abs. 1 Bundesrundfunkgesetz).

[76] „Entwurf eines Gesetzes über den Rundfunk", BT-Drks. 3/1434.

ten war.[77] Um trotzdem das geplante Deutschland-Fernsehen durchzusetzen gründete die Bundesregierung innerhalb weniger Monate die „Deutschland Fernsehen GmbH“ ohne die Länder zu informieren und bot ihnen nach der Gründung eine Beteiligung an. Die Anteilsmehrheit sollte beim Bund verbleiben.[78] Das Angebot wurde von den Ländern ausgeschlagen; sie riefen stattdessen über einen Bund-Länderstreit (Art. 93 Abs. Nr. 3 GG) das Bundesverfassungsgericht an.

Die daraufhin ergangene Entscheidung, oft als „Fernsehurteil“[79] bezeichnet, beendete nicht nur die Kompetenzstreitigkeit zwischen Bund und Ländern, sondern schuf ein verfassungsdogmatisches Grundgerüst für den deutschen Rundfunk, wie es in weiten Teilen bis heute gilt.

Das Bundesverfassungsgericht widerlegte die bisher teilweise vertretenen Auffassungen, dass durch den Kompetenztitel des Art. 73 Nr. 7 GG a.F. („Post- und Fernmeldewesen“) der Rundfunk als Ganzes umfasst sei. Rundfunk besteht der Rechtsprechung zufolge vielmehr aus einer sendetechnischen und einer programmlichen/inhaltlichen Regelungsseite.[80] Daraus folgerte das Gericht eindeutig, der Bund habe durch Art. 73 Nr. 7 GG „nicht die Befugnis, die Organisation der Veranstaltung und die innere Organisation der Veranstalter von Rundfunksendungen zu regeln oder Vorschriften in bezug auf die Sendungen zu erlassen.“[81] Bereits an dieser Stelle betont das Gericht erstmals die Notwendigkeit der gesetzlichen Normierung der Rundfunkfreiheit aus Art. 5 Abs. 1 S. 2 GG. Ob und inwieweit dem Bund eine eigene Befugnis zur Veranstaltung von Rundfunksendungen zukommen könnte, ließ das Gericht offen. Zur Frage, wonach eine solche Kompetenz des Bundes für Rundfunksendungen aus der Zuständigkeit des Bundes für auswärtige Angelegenheiten und für gesamtdeutsche Fragen begründet werden könnte[82], deutete das Gericht eine „ausnahmsweise“ Zulässigkeit an[83], traf letztlich aber keine Entscheidung.[84] Gleiches gelte auch für eine Verwaltungskompetenz des Bundes im Rundfunkrecht. Die Verwaltungszuständigkeit würde „nicht weiter reichen, als die

[77] „Gesetz über die Errichtung von Rundfunkanstalten des Bundesrechts“, BGBl. I 1960, 862. Verfassungsrechtliche Bedenken zum Bundesrundfunkgesetz wurden bei *Günter Krause-Ablass*, Die Bedeutung des Fernsehurteils des Bundesverfassungsgerichts für die Verfassung des deutschen Rundfunks, JZ 1962, 158; *Walter Mallmann*, Einige Bemerkungen zum heutigen Stand des Rundfunkrechts, JZ 1963, 350, 351; *Herrmann* AöR (90) 1965, 293f hervorgehoben.

[78] Das Stammkapital betrug 23.000 DM.

[79] BVerfGE 12, 205; zugleich BVerfG, NJW 1961, 547.

[80] BVerfGE 12, 205, 225. Ebenso zählt die Studiotechnik für die direkten Aufnahmen der Sendungen nicht zur sendetechnischen Seite, sondern ist Teil des Produktionsprozesses.

[81] BVerfGE 12, 205, 225.

[82] Das BVerfG spielt hierbei indirekt auf die zuvor errichteten Veranstaltungen der Deutschen Welle und des Deutschlandfunks an, die jedoch nicht Gegenstand des Verfahrens waren.

[83] BVerfGE 12, 205, 225.

[84] BVerfGE 12, 205, 241.

Gesetzgebungsbefugnisse" und könnte „allenfalls [...] Rundfunksendungen rechtfertigen, die ausschließlich oder doch ganz überwiegend für das Ausland" oder für die Deutschen in den Gebieten der DDR bestimmt sind.[85]

Wenn nun der Bund dem Grundsatz nach nicht für die inhaltliche Seite zuständig ist, so kommt ihm vielmehr die sendetechnische Gesetzgebungs- und Verwaltungskompetenz zu. Das „Fernmeldewesen ist ein technischer, am Vorgang der Übermittlung von Signalen orientierter Begriff."[86] Die drahtlose Übermittlung findet über von Sendern ausgestrahlte elektrische Wellen statt. Davon zu unterscheiden ist die „politische und kulturelle" Seite des Rundfunks, die vielmehr „Benutzer" der technischen Sendeanlagen ist.[87] Der Bund hat aufgrund von Art. 73 Nr. 7 GG die „technischen Voraussetzungen, deren Regelung für einen geordneten Ablauf des Betriebs der Rundfunksender und des Empfangs ihrer Sendungen unerläßlich ist" zu schaffen.[88]

Daraus folgt auch die durch das Bundesverfassungsgericht endgültig getroffene Entscheidung der Kompetenzstreitigkeit zugunsten der Bundesländer, „soweit der Rundfunk jedenfalls auch ein kulturelles Phänomen ist."[89] Die Länderkompetenz für die inhaltliche Seite des Rundfunks erkannte das Gericht einerseits aus der historischen Entwicklung des Rundfunkwesens[90], als auch in den Grundentscheidungen des Grundgesetzes zur Zuständigkeit der Länder aus Art. 30, 70 Abs. 1 und 83 Abs. 1. Die gesetzliche Regelung der Organisation der Rundfunkveranstalter und für die Rundfunkveranstaltungen sind ebenfalls von der Länderkompetenz umfasst.[91] Bereits früh hatten einige der neugegründeten Bundesländer Rundfunkgesetze erlassen.[92] Durch das erste Rundfunkurteil wurde deren Zulässigkeit bestätigt.

---

[85] BVerfGE 12, 205, 250.
[86] BVerfGE 12, 205, 226.
[87] BVerfGE 12, 205, 226.
[88] BVerfGE 12, 205, 227. Das Gericht wandte hierbei die Wortlautauslegung an und erkannte zu Recht die unterschiedlichen Begriffsinhalte von „Rundfunk" aus Art. 5 Abs. 1 und „Fernmeldewesen" aus Art. 73 Nr. 7 GG, vgl. BVerfGE 12, 205, 228.
[89] BVerfGE 12, 205, 229.
[90] BVerfGE 12, 205, 235ff.
[91] BVerfGE 12, 205, 238.
[92] Bspw. Radiogesetz Württemberg-Baden vom 21. November 1950, Gesetz Nr. 1096, RegBl. 1951, 1.

Es folgten weitere Rechtsetzungsakte[93] sowie, ebenfalls auf dieser Kompetenzgrundlage, im Jahr 1987 der erste Rundfunkstaatsvertrag.[94]

2. Art. 5 Abs. 1 S. 2 GG als demokratisches Freiheitsgrundrecht

Die Freiheit der Berichterstattung durch den Rundfunk reiht sich ein in den Grundrechtskatalog des Grundgesetzes und findet sich dabei an der exponierten Stelle des Art. 5 Abs. 1, der verschiedene kommunikative Freiheiten wie die Meinungsfreiheit[95], die Pressefreiheit[96], die Rundfunkfreiheit, die Filmfreiheit[97], aber auch die allgemeine Informationsfreiheit[98] schützt, wieder. Art. 5 Abs. 1 GG besitzt in der Gesamtschau der Grundrechte eine besondere demokratische Funktion. Das durch ihn geschützte Verhalten, nämlich die kommunikativen Vorgänge und meinungsbildenden Prozesse in der Gesellschaft, bilden die Voraussetzung für ein Gemeinwesen, in dem zumindest die Möglichkeit für den Einzelnen besteht, am gesellschaftlichen Verkehr teilzunehmen und seine Position einzubringen. Nur auf diese Weise und nur durch ein informiertes Volk kann auch jene Staatsgewalt „vom Volke" ausgehen, wie es Art. 20 Abs. 2 S. 2 GG postuliert.[99] Insofern hat Art. 5 Abs. 1 GG in seinen vielfachen Ausprägungen eine integrative Funktion, den Pluralismus der Gesellschaft zur Grundlage für eine weitreichende Meinungsbildung zu machen. Die freie Meinungsäußerung, auch in Form der Berichterstattung durch die

---

[93] Die Länder machten sich die Idee des „Deutschland-Fernsehen" der Bundesregierung insoweit zu eigen, als dass sie das ZDF durch den „Staatsvertrag über die Errichtung der Anstalt des öffentlichen Rechts Zweites Deutsches Fernsehen" vom 06. Juni 1961, GVBl. NRW 1961, 269 gründeten. Nach dem dritten Rundfunkurteil (BVerfGE 57, 295) wurde zudem eine gesetzliche Normierung des Rundfunks für die Länder verpflichtend, woraufhin mehrere Landesmediengesetze erlassen wurden, bspw. LMedienG Hessen, LT-Drks. 11/1297; LMedienG BW, LT-Drks. 9/955.

[94] Siehe bspw. GVBl. Hessen 1987, 165, 166.

[95] Die Meinungsäußerung wirkt immer auch meinungsbildend für die Umwelt, vgl. *Franz Schemmer*, in: *Volker Epping/Christian Hillgruber* (Hrsg.), GG, Art. 5, Rn. 4. Art. 5 Abs. 1 S. 1 GG gilt auch für meinungsbildende Tatsachenäußerungen, vgl. BVerfGE 61, 1, 8.

[96] Vgl. *Reinhard Ricker*, Die Pressefreiheit, in: *Reinhard Ricker/Johannes Weberling* (Hrsg.), Handbuch des Presserechts, 6. Aufl., München 2012, 38, Rn. 1. Die Pressefreiheit ist nicht nur klassisches Abwehrrecht, sondern vielmehr unmittelbarer grundrechtlicher Auskunftsanspruch, vgl. *Jörg Soehring*, Presserecht, 4. Aufl., Köln 2010, § 1, Rn. 8 sowie das viel kritisierte Urteil zum Auskunftsanspruch gegenüber Bundesbehörden BVerwGE 146, 56.

[97] Vgl. *Jens Petersen*, Medienrecht, 4. Aufl., München 2008, § 11, Rn. 2ff.

[98] Neben der individualrechtlichen Freiheitskomponente der Informationsfreiheit betont BVerfGE 27, 71, 81 auch den Demokratiebezug: „Ein demokratischer Staat kann nicht ohne freie und möglichst gut informierte öffentliche Meinung bestehen."

[99] Vgl. *Edzard Schmidt-Jortzig*, in: Handbuch des Staatsrechts, Bd. VII (HStR VII), 3. Aufl., Heidelberg 2009, § 162, Rn. 9.

Presse, sowie der Zugang zu öffentlichen Informationen[100] sind geeignet, die Meinungsbildung in der Gesellschaft zu fördern, Probleme aufzuwerfen, Lösungsvorschläge einzubringen und zu diskutieren.[101] Der so stattfindende Prozess der öffentlichen Meinungsbildung ist für einen demokratischen Rechtsstaat „schlechthin konstituierend“[102], weshalb den Freiheitsrechten des Art. 5 Abs. 1 GG eine besondere demokratische Funktion innewohnt. Die hierdurch ermöglichte kritische Begleitung von politischen und staatlichen Vorgängen erzeugt ebenso wie die Einbindung der Öffentlichkeit in Prozesse der Entscheidungsfindung ein höheres Maß an Legitimität[103] jener staatlichen Handlungen und Entscheidungen.

In der Systematik von Art. 5 Abs. 1 GG kommt auch dem Rundfunk neben den anderen grundrechtlichen Kommunikationsfreiheiten eine herausragende Rolle für die Meinungsbildung der Bevölkerung zu. Für die Informierung großer Bevölkerungsteile ist der Rundfunk seit Jahrzehnten unersetzlich. Die hohe Aktualität des Rundfunks, die durch die nahezu ohne Zeitverzögerung stattfindende Übertragung durch den Funk erreicht wird, verknüpft sich dabei mit dem umfassenden Empfängerkreis, der nicht ortsgebunden ist. Die in der Einleitung angedeutete Ausbreitung der technischen Ausstattung der deutschen Haushalte hat den Wirkungskreis des Rundfunks zudem auf nahezu die gesamte Bevölkerung ausgeweitet. Dazu besitzt der Rundfunk aufgrund der Wiedergabe von Sprache und Ton (Hörfunk) oder aber in der Verbindung von Ton und Bewegtbild (Fernsehen) bedeutende Authentizität und Wirkkraft, mithin eine beeinflussende Suggestivkraft für den Rezipienten.[104]

Das Bundesverfassungsgericht hat früh erkannt, welcher Einfluss der Berichterstattung durch den Rundfunk zukommt. Das Gericht verkannte einerseits nicht die demokratische und meinungsbildende Funktion des Rundfunks[105], andererseits ebenso wenig die Gefahren für die Meinungsbildung durch ein defizitäres Meinungsbild im Rundfunk. Die Schlussfolgerungen führten im Ergebnis zur dualen Rundfunkordnung und einem Verständnis der grundrechtlichen Rundfunkfreiheit

---

[100] Zum Verhältnis von allgemeiner Informationsfreiheit und dem Anspruch auf Zugang zu öffentlichen Informationen vgl. *Arno Scherzberg*, Die Öffentlichkeit der Verwaltung, Baden-Baden 2000, 341ff sowie *Bernhard Wegener*, Der geheime Staat, Göttingen 2002, 485ff.

[101] Der öffentlichen Meinungsbildung kommt insofern eine das Staathandeln kontrollierende Funktion zu, vgl. BVerfGE 20, 56, 98; BVerfGE 69, 315, 346f.

[102] Vgl. BVerfGE 66, 116, 133; BVerfGE 20, 162, 174ff; *Ricker* 2012, 38, Rn. 1.

[103] *Jule Martin*, Das Steuerungskonzept der informierten Öffentlichkeit, Berlin 2012, 104f.; *Matthias Knauf*, Öffentlichkeitsbeteiligung im Verwaltungsverfahren, DÖV 2012, 1-7, 3; *Arno Scherzberg*, in: *Wolfgang Hoffmann-Riem/Eberhard Schmidt-Aßmann/Andreas Voßkuhle*, Grundlagen des Verwaltungsrechts, Bd. III, München 2009, § 49, Rn. 72-82.

[104] Zu den Charakteristika Aktualität, Breitenwirkung und Suggestivkraft des Rundfunks ausführlich weiter unten.

[105] BVerfGE 35, 202, 219; BVerfGE 117, 244, 258.

als „dienende Freiheit". Damit war auch die Entscheidung für ein Grundrechtsverständnis der Rundfunkfreiheit getroffen, die sich deutlich von den übrigen Freiheitsrechten des Art. 5 Abs. 1 GG unterscheidet. Nachstehend werden die für die Rundfunkordnung charakteristischen Prinzipien behandelt.

a) Rundfunkfreiheit als Individualgrundrecht

Noch 1965, vier Jahre nach dem ersten Rundfunkurteil, diagnostizierte die Rechtswissenschaft einen nicht zufriedenstellenden „unfertige[n] Zustand der Rechtsentwicklung" im Rundfunkbereich.[106] „Wem", so wurde die Frage aufgeworfen, „stehen [...] die subjektiven Berechtigungen aus der Rundfunkfreiheit zu?"[107] Dabei wurde der institutionelle Ton des ersten Rundfunkurteils des Bundesverfassungsgerichts gerügt und die subjektiv-rechtliche Grundrechtsposition vermisst. Dass die öffentlich-rechtlichen Rundfunkanstalten selbst Träger des Grundrechts aus Art. 5 Abs. 1 S. 2 GG seien, wurde noch verneint.[108] Hierin zeigt sich, dass die institutionalisierte Rundfunkordnung keine Selbstverständlichkeit in einem System der subjektiven Freiheitsgrundrechte ist. Im Unterschied zur Freiheit der Meinungsäußerung oder zur Pressefreiheit ist für die Rundfunkfreiheit nach Art. 5 Abs. 1 S. 2 GG weniger die subjektivrechtliche Komponente im Sinne eines Abwehrrechts gegenüber dem Staat zentral, sondern die objektiv-institutionelle Gewährleistung eines freien Rundfunks.[109]

Während also die Pressefreiheit vordergründig die individuelle Freiheit von der Informationsbeschaffung bis zur Veröffentlichung schützt[110], und das subjektive Abwehrrecht durch die institutionelle Garantie der Presse nur ergänzt wird, ist die Rundfunkfreiheit keine „natürliche" Freiheit.[111] Die Rundfunkfreiheit ist zwar eine Freiheit der Rundfunkveranstalter, sie darf aber als solche nicht „beliebig" und „im Interesse der Rundfunkveranstalter, sondern im Interesse freier individueller und öffentlicher Meinungsbildung" ausgeübt werden.[112] Da der Rundfunk dem Geist des Art. 5 Abs. 1 GG *dient*, steht er ganz im Sinne der Ermöglichung einer freien

---

[106] *Ulrich Scheuner*, Pressefreiheit, Veröffentlichung der Vereinigung der Deutschen Staatrechtslehrer (VVDStRL) 22, Berlin 1965, 1-91, 13. Die gleiche Bewertung auch bei *Mallmann*, JZ 1963, 350.

[107] *Scheuner*, VVDStRL 22, 13.

[108] Vgl. *Scheuner*, VVDStRL 22, 13, in Fußnote 38.

[109] Das BVerfGE erkennt grundsätzlich in Art. 5 Abs. 1 GG subjektive Freiheitsrechte und institutionelle Gewährleistungsrechte, vgl. BVerfGE 12, 205, 260; BVerfGE 10, 118, 121.

[110] Vgl. *Bethge*, in: *Sachs*, GG, Art. 5, Rn. 71.

[111] BVerfGE 95, 220, 237.

[112] BVerfGE 83, 238, 315.

Meinungsbildung der Bevölkerung. Er bedarf als Ausfluss dieser Begründung einer auszugestaltenden Ordnung durch den Gesetzgeber.[113] Damit einhergehend hat das Bundesverfassungsgericht hervorgehoben, dass die Rundfunkfreiheit eben kein Freiheitsgrundrecht ist, „das seinem Träger zum Zweck der Persönlichkeitsentfaltung oder Interessenverfolgung eingeräumt" wird.[114]

Der persönliche Schutzbereich der Rundfunkfreiheit gilt damit zunächst für die *zugelassenen* Rundfunkveranstalter[115], die Langezeit nur aus den öffentlich-rechtlichen Rundfunkanstalten bestanden.[116] Die Grundrechtsinhaberschaft erstreckt sich dabei auf die Mitarbeiter der Rundfunkanstalten und die Redakteure[117] und auf die zugelassenen privaten Veranstalter von Rundfunk.[118]

Private Personen, die gewillt sind, Rundfunk zu veranstalten, benötigen aufgrund der gesetzlichen Ausgestaltung der Rundfunkordnung eine Genehmigung. Problematisch ist nun aber die Reichweite des Grundrechtsschutzes für jene Privaten, die *noch keine* Zulassung für Rundfunkveranstaltungen erhalten haben. Kann sich nur auf die Rundfunkfreiheit stützen, wer bereits Rundfunk veranstaltet? Oder ist der persönliche Schutzbereich bereits für den eröffnet, der beabsichtigt, Rundfunk zu veranstalten? Die Versagung jeglichen grundrechtlichen Schutzes durch den Vorbehalt einfachen Gesetzesrechtes und die Abhängigkeit der Grundrechtswirkung von einer gesetzlichen Ausgestaltung würde die Stellung der Grundrechte unzulässig verkürzen[119]. Deshalb wird vielfach vertreten, dass bereits im Vorfeld ein

---

[113] BVerfGE 87, 181, 198; BVerfGE 83, 238, 315; BVerfGE 31, 314, 326; BVerfGE 12, 205, 261.

[114] BVerfGE 87, 181, 197.

[115] Vgl. *Kerstin Odendahl*, in: *Bruno Schmidt-Bleibtreu/Hans Hofmann/Hans-Günter Henneke* (Hrsg.), GG. Kommentar, 13. Aufl., Köln 2014, Art. 5, Rn. 28; *Christian Starck*, in: *Hermann v. Mangoldt/Friedrich Klein/Christian Starck* (Hrsg.), GG, 6. Aufl., München 2010, Art. 5, Rn. 108.

[116] BVerfGE 31, 314, 322. Die Rundfunkanstalten genießen den Grundrechtsschutz, da dieser wesensmäßig auf sie anzuwenden ist, vergleichbar mit der Wissenschaftsfreiheit der Hochschulen nach Art. 5 Abs. 3 GG, siehe auch BVerfGE 15, 256, 262.

[117] Vgl. *Jarass*, in: *Jarass/Pieroth*, GG, Art. 5, Rn. 53; *Bethge*, in: *Sachs*, GG, Art. 5, Rn. 109.

[118] Vgl. *Rudolf Wendt*, in: *Ingo von Münch/Philip Kunig* (Hrsg.), GG. Kommentar, Bd. 1, 6. Aufl., München 2012, Art. 5, Rn. 51; BVerfGE 95, 220, 234.

[119] Vgl. *Bethge*, in: *Sachs*, GG, Art. 5, Rn. 112. Eine andere Auffassung will hingegen die grundsätzlich individuelle Rundfunkveranstaltungsfreiheit unabhängig von der gesetzlichen Genehmigung anerkennen. Demzufolge würde der persönliche Schutzbereich der Rundfunkfreiheit auf alle natürlichen Personen vergrößert. Trotzdem könnte ein Genehmigungsverfahren als gerechtfertigter Eingriff in die Rundfunkfreiheit erfolgen, vgl. *Starck*, in: *v. Mangoldt/Klein/Starck*, GG, Art. 5, Rn. 110; wohl auch *Wendt*, in: *von Münch/Kunig*, GG, Art. 5, Rn. 50f; *Hans Hugo Klein*, Die Rundfunkfreiheit, München 1978, 32; siehe auch die breitere Abhandlung dazu und die letztliche Ablehnung eines Individualgrundrechts bei *Joachim Wieland*, Die Freiheit des Rundfunks, Berlin 1984, 127-138.

„Grundrechtsbeachtungsanspruch“ für noch nicht zugelassene potentielle Rundfunkbetreiber besteht.[120]

Im Ergebnis bleibt festzuhalten, dass die Rundfunkfreiheit nicht als klassisches Individualgrundrecht konzipiert ist. Sie dient nicht nur den persönlichen Interessen der Rundfunkveranstalter, sondern wird einem utilitaristischen, allgemeinen Zweck der freien Informierung der Gesellschaft durch den Rundfunk unterstellt. Gleichwohl können sich die Inhaber der Rundfunkfreiheit, also Veranstalter und Mitarbeiter der Rundfunkanstalten und des privaten Rundfunks, auf ein geschütztes Verhalten ohne staatlichen Einfluss berufen. Das wesentlich geschützte Verhalten betrifft hierbei vergleichbar mit der Pressefreiheit jede Tätigkeit von der Recherche und Beschaffung von Informationen bis zur Publizierung.[121] Redaktionen von Rundfunkveranstaltern genießen wie jene der Presse einen besonderen Schutz und sind als Ausformung der Rundfunkfreiheit durch das Strafprozessrecht besonders privilegiert.[122] Vor staatlichen Zugriffen sind die Geheimhaltung der Informationsquellen ebenso bewahrt, wie das Vertrauensverhältnis zwischen Rundfunk und Informant.[123] Staatliche Einblicke in den Entstehungsprozess von Rundfunksendungen sind verboten.[124] Polizeiliche Maßnahmen (Durchsuchung und Beschlagnahme) gegenüber Rundfunksendern bedürfen – aufgrund der Sensibilität der „Vertrauenssphäre“[125] redaktioneller Tätigkeit und der demokratischen Funktion der freien Berichterstattung – besonderer Rechtfertigungen. Strafverfolgungsinteresse und Rundfunkfreiheit müssen dabei im Hinblick auf die „einhergehende Beeinträchtigung der Rundfunkfreiheit“ abgewogen werden.[126]

---

[120] Vgl. „Zulassungsanspruch“ im Sinne eines fehlerfreien Ermessens *Herbert Bethge*, Der Grundrechtsstatus privater Rundfunkveranstalter, NVwZ 1997, 1-6, 5; in diesem Sinne wohl auch *Hans Hugo Klein*, Parteien-Presse-Rundfunk, in: Staat-Kirche-Verwaltung, Festschrift für Hartmut Maurer, hg. v. *Max-Emanuel Geis/Dieter Lorenz*, München 2001, 193-204, 203f; *Christoph Degenhart*, Grundrechtsbeachtungsanspruch der Rundfunkanbieter und Organisationsbefugnisse der Landesmedienanstalt, ZUM 2003, 913-921, 915f; zum Begriff des „Grundrechtsbeachtungsanspruchs“ BVerfGE 97, 298, 314.

[121] St. Rspr. BVerfGE 77, 65, 74; BVerfGE 66, 116, 133; BVerfGE 12, 205, 260; BVerfGE 10, 118, 121.

[122] Vgl. *Gerd Pfeiffer*, StPO, 5. Aufl., München 2005, § 97, Rn. 10; *Björn Gercke*, in: *Björn Gerke/Karl-Peter Julius/Mark Zöllner/Dieter Temming* (Hrsg.), StPO. Heidelberger Kommentar, Heidelberg 2012, § 97, Rn. 58ff. Das Beschlagnahmeverbot bei Mitarbeitern und in Redaktionen des Rundfunks untersteht einem besonderen Verhältnismäßigkeitsgrundsatz.

[123] BVerfGE 117, 244, 258.

[124] BVerfGE 66, 116, 135.

[125] BVerfGE 117, 244, 258.

[126] BVerfG, Beschluss v. 10. Dezember 2010, NJW 2011, 1859-1863, 1862; *Klaus Leipold/Stefan Beukelmann*, Rundfunkfreiheit und Durchsuchung von Redaktionsräumen, NJW-Spezial 2011, 57-58.

b) Rundfunkfreiheit als objektive und „dienende“ Freiheit

Die Rundfunkfreiheit findet ihren vordergründigen Ausdruck nicht als ein natürliches Freiheitsgrundrecht, das die Persönlichkeitsentwicklung des Rundfunkveranstalters fördern soll,[127] sondern in der verobjektivierten Funktion für die Gesellschaft selbst.[128] Der Rundfunk ist nach der Rechtsprechung des Bundesverfassungsgerichts nicht nur das Medium der massenweise übertragenen Informationen, sondern ist in sich selbst ein Faktor dieser Massenkommunikation. Durch die Form des Rundfunks selbst, und nicht nur durch seine übermittelten Informationen und Inhalte, wird die Kommunikation und Informierung der Gesellschaft beeinflusst.[129]

Bereits früh stellte das Bundesverfassungsgericht fest, der Rundfunk sei eine öffentliche Aufgabe.[130] Die daraus gezogenen Schlussfolgerungen, nämlich, dass der Rundfunk als objektives Freiheitsrecht einer gesetzlichen Ausgestaltung bedarf und durch öffentlich-rechtliche Anstalten, also als Teil der öffentlichen Verwaltung, bereitgestellt wird, stießen auf vielfache Kritik. Anstatt die Verfassung zu interpretieren, sei „eine verfassungspolitische Wertentscheidung gefällt worden.“[131] Das Gericht begründete im Jahr 1961 noch die Ausgestaltung der Rundfunkfreiheit als objektive Freiheit durch die „Sondersituation“ des Rundfunks. Die Sondersituation zeigte sich in der Knappheit der Sendefrequenzen und in der Gefahr der Monopolisierung der Meinungsbildung durch einen wirtschaftsstarken Rundfunkveranstalter.[132] Begrenzte technische Möglichkeiten und der enorme finanzielle Aufwand zur Produktion von Rundfunkprogrammen, so das Bundesverfassungsgericht, verhinderten eine vielschichtige Rundfunklandschaft und damit auch eine Vielzahl an Programmen und Meinungen.[133] Im Jahr 1971 stellte das Bundesverfassungsgericht fest, dass der Rundfunk zu einem der einflussreichsten Kommunikationsmittel und zum „Massenmedium“ geworden ist, und bekräftigte sein Verständnis von Art. 5 Abs. 1 S. 2 GG, wonach die Rundfunkfreiheit nicht individueller Entfaltung, sondern einem öffentlichen Zweck diene. Der Rundfunk könne „wegen seiner weitreichenden Wirkung und Möglichkeiten sowie der Gefahr des Mißbrauchs zum

[127] BVerfGE 95, 220, 237; BVerfGE 87, 181, 197.

[128] BVerfGE 83, 238, 315.

[129] BVerfGE 12, 205, 260.

[130] BVerfGE 7, 99, 104; BVerfGE 12, 205, 246.

[131] *Helmut Lenz*, Rundfunkorganisation und öffentliche Meinungsbildungsfreiheit, JZ 1963, 338-350, 339 m. w. N.

[132] Diese Sondersituation stellte das BVerfG als Unterschied zum Pressewesen fest, da dieses durch eine Vielzahl an Verlegern und Zeitungen geprägt und somit eine Meinungsvielfalt gewährleistet sei, BVerfGE 12, 205, 261.

[133] BVerfGE 12, 205, 261.

Zweck einseitiger Einflußnahme auf die öffentliche Meinung nicht dem freien Spiel der Kräfte überlassen werden"[134]. Da der Rundfunk den Bürgern umfassende Informationen über staatliche und gesellschaftliche Entwicklungen bietet, besitzt er auch eine auf alle Lebensbereiche ausstrahlende Wirkung.[135] Die ersten beiden Rundfunkurteile aus den Jahren 1961 und 1971 betonten noch vornehmlich die *institutionelle* Freiheit des Rundfunks nach Art. 5 Abs. 1 S. 2 GG. Der Rundfunk wurde hierbei als „Aufgabe der öffentlichen Verwaltung" verstanden und sollte zum Zwecke der Abwehr von Gefahren durch die missbräuchliche Meinungsmacht öffentlich-rechtlich organisiert und institutionell gesichert werden.[136] Ein subjektivrechtliches Grundrechtsverständnis wurde in beiden Urteilen nicht vertreten. Insofern musste das Rundfunkwesen auch gesetzlich geordnet werden.[137] Erst mit dem dritten Rundfunkurteil aus dem Jahr 1981 erkannte auch das Bundesverfassungsgericht die „abwehrende Bedeutung" der Rundfunkfreiheit entsprechend einem „klassischen Freiheitsrecht".[138]

Der Rundfunkfreiheit wurden nunmehr „subjektiv- und objektivrechtliche Elemente" zugerechnet.[139] Art. 5 Abs. 1 GG schützt und gewährleistet primär den freien Prozess der Meinungsbildung. Unter dieser Prämisse findet sich auch die Rundfunkfreiheit wieder, die zunächst als klassisches Abwehrrecht die „Freiheit des Rundfunks von staatlicher Beherrschung und Einflußnahme" gewährleistet. Doch, so das Gericht weiter, reiche die bloße Staatsfreiheit des Rundfunks nicht aus, um das übergeordnete Ziel des Art. 5 Abs. 1 GG zu erreichen. Eine Vielfalt der „Meinungen im Rundfunk in möglichster Breite und Vollständigkeit" herzustellen, bedürfe mehr als die Verhinderung von staatlichem Einfluss. Auch von finanzstarken Medienunternehmen oder einflussreichen Interessengruppen kann eine Manipulation der öffentlichen Meinung ausgehen. Die Meinungsvielfalt im Rundfunk bedürfe deshalb einer positiven Ordnung. Diese positive Ordnung des Rundfunks mache

[134] BVerfGE 31, 314, 325.
[135] BVerfGE 35, 202, 222.
[136] BVerfGE 31, 314, 329; BVerfGE 12, 205, 246.
[137] BVerfGE 31, 314, 326.
[138] BVerfGE 57, 295, 320. Zu diesem Wandel im Grundrechtsverständnis des BVerfG siehe *Udo Fink*, Wem dient die Rundfunkfreiheit?, DÖV 1992, 805-813, 806.
[139] BVerfGE 57, 295, 320.

eine gesetzliche Regelung notwendig, die durch den Gesetzgeber zu treffen sei.[140] Unbenommen, auf welche Weise der Gesetzgeber die Rundfunkordnung aufstellen wolle, Art. 5 Abs. 1 S. 2 GG *diene* in jedem Fall der freien Meinungsbildung.[141] Dieser dienenden Funktion verschrieben, ist es demnach die Aufgabe des Gesetzgebers durch die positiv gesetzte Rundfunkordnung, dafür zu sorgen, „daß der Rundfunk nicht einer oder einzelnen gesellschaftlichen Gruppen ausgeliefert wird, daß die in Betracht kommenden gesellschaftlichen Kräfte im Gesamtprogramm zu Wort kommen und daß die Freiheit der Berichterstattung unangetastet bleibt“[142]. Die Garantie der Meinungsvielfalt wird nur erfüllt, wenn einerseits keine an die Öffentlichkeit gerichtete Meinung vom Meinungsbildungsprozess ausgeschlossen wird, und wenn andererseits kein beherrschender Einfluss eines „Meinungsträgers“ auf die Meinungsbildung besteht.[143]

Die *dienende* Freiheit des Rundfunks besteht demnach in ihrem subjektivrechtlichen Element darin, die Abwehr von staatlichen Einflüssen auf die Grundrechtsausübung der Rundfunkveranstalter zu ermöglichen. Und entsprechend der objektivrechtlichen Komponente ist eine gesetzlich zu schaffende Rundfunkordnung aufzustellen, die dem übergeordneten Ziel der Freiheit der Meinungsbildung verschrieben ist. Weder der Staat noch bestimmte gesellschaftliche Gruppen dürfen deshalb auf den Rundfunk einen beherrschenden Einfluss ausüben.

Die Ausgestaltung der Rundfunkfreiheit im Zeichen „freier individueller und öffentlicher Meinungsbildung“ betrifft darüber hinaus nicht nur die öffentlich-rechtliche Rundfunkorganisation, sondern den Rundfunk insgesamt, unbenommen, ob der Gesetzgeber einen öffentlich-rechtlichen oder privatrechtlichen Rundfunk festschreibt.[144]

Die Auslegung von Art. 5 Abs. 1 S. 2 GG als dienende Freiheit war und ist in der Literatur bei weitem nicht unumstritten.[145] Der gesetzliche Vorbehalt der Grundrechtsausübung sei wenig vereinbar mit dem liberalen Prinzip der Grundrechte.

---

[140] Die Veränderung der Rechtsprechung des BVerfG, die den Rundfunk nicht mehr als Verwaltungsaufgabe, sondern als Grundrecht mit subjektiven und objektiven Ausprägungen ansieht, geht auch besonders auf das Grundrechtsverständnis nach dem Lüth-Urteil (BVerfGE 7, 198, 205) zurück, wonach auch objektive Ausprägungen der „Verwirklichung der Grundrechte“ dienen, vgl. BVerfGE 57, 295, 321. Die Ausgestaltung der Rundfunkfreiheit durch den Gesetzgeber sah der entscheidende erste Senat im Licht der Wesentlichkeitstheorie stehen, vgl. BVerfGE 57, 295, 321.

[141] BVerfGE 57, 295, 320.

[142] BVerfGE 57, 295, 322.

[143] BVerfGE 57, 295, 323.

[144] BVerfGE 83, 238, 315, zugleich BVerfG, DVBl. 1991, 310-324, 311.

[145] Zur Debatte siehe *Herbert Bethge*, Freiheit und Gebundenheit der Massenmedien, DVBl. 1983, 369-377, 371.

Vielmehr würde der für die Errichtung der Rundfunkordnung geforderte Staat seine Bürger bevormunden. Und zudem sei eine Ausübung eines Freiheitsrechts, das einem übergeordneten Zweck und einer Aufgabenerfüllung dient, aber nicht der persönlichen Entfaltung des Grundrechtsinhabers, schwerlich eine echte Freiheit.

Das Grundrecht würde unter staatlichen Vorbehalt gestellt und verliere durch den dienenden Charakter seinen subjektiven Freiheitsgehalt.[146]

Die Vertreter der Ansicht, die Rundfunkfreiheit müsse als „dienende" Freiheit verstanden werden, fragen hingegen, ob mit einer ausschließlichen Subjektivierung der Rundfunkfreiheit als ein „Jedermannsrecht" letztlich nicht doch jene Verengung und Monopolisierung der Rundfunkmeinung einhergeht[147], und ob aus der Rundfunkfreiheit für jeden ein Rundfunkprivileg für wenige würde.[148] Ein ungehinderter Zugang von Jedermann zum Rundfunk würde automatisch in einem unausgewogenen Meinungsbild münden, da die Rundfunkveranstalter starke Unterschiede in ihren finanziellen und technischen Möglichkeiten besäßen. Die Meinungen jener Veranstalter mit geringeren Möglichkeiten könnten gegen die Meinungsmacht großer Investoren nicht bestehen. Ebenso würden die Vertreter der ausschließlich subjektiv-rechtlichen Sichtweise die notwendigen Voraussetzungen für die Grundrechtsausübung der Rundfunkfreiheit – „die konkreten Rahmenbedingungen" – verkennen. Erst ein normierter Ordnungsrahmen könne eine freie Ausübung des Rundfunkgrundrechts ermöglichen.[149]

In der jüngeren Zeit gibt es verstärkt Bestrebungen in der Literatur, das dogmatische Konstrukt der dienenden Rundfunkfreiheit durch eine (subjektivrechtlich aus-

---

[146] Kritik am Grundrechtsverständnis der dienenden Freiheit bei *Rupert Scholz*, Das dritte Fernsehurteil des Bundesverfassungsgerichts, JZ 1981, 561-568, 563f; *Thomas Oppermann*, Auf dem Wege zur gemischten Rundfunkverfassung in der Bundesrepublik Deutschland?, JZ 1981, 721-730, 726; *Christoph Degenhart*, Anmerkung zu BVerfG, Urt. v. 16. Juni 1981, DÖV 1981, 960-963; *Christian Pestalozza*, Der Schutz vor der Rundfunkfreiheit in der Bundesrepublik Deutschland, NJW 1981, 2158-2166, 2160f; deutlich auch *Fink*, DÖV 1992, 813: „[J]ede inhaltliche Anforderung an die Freiheitsbetätigung in der Gesellschaft gibt dem Staat kraft seiner Definitionsmacht die Möglichkeit, durch die Festlegung der Anforderungen an einer «wertvolle» Grundrechtsausübung den abwehrrechtlichen Gehalt des Grundrechts leerlaufen zu lassen." Es sei „Vorsicht geboten gegenüber dem Glauben an den Vorrang beanspruchenden Dienst individueller Freiheitsrechte" vgl. *Hans Heinrich Rupp*, „Dienende" Grundrechte, „Bürgergesellschaft", „Drittwirkung" und „soziale Interdependenz" der Grundrechte, JZ 2001, 271-277, 273. Sowohl subjektive als auch objektive Grundrechtselemente hervorhebend *Walter Schmidt*, Anmerkung zu BVerfG, Urt. v. 16. Juni 1981, DVBl. 1981, 920-922, 921.

[147] Der finanzielle Aufwand für die Herstellung von Rundfunkprogrammen stellt demnach eine Hürde für die Grundrechtsausübung dar.

[148] Vgl. *Bethge*, DVBl. 1983, 374.

[149] Vgl. *Wolfgang Hoffmann-Riem*, in: *Ernst Benda/Werner Maihofer/Hans-Jochen Vogel* (Hrsg.), Handbuch des Verfassungsrechts, 2. Aufl., Berlin 1994, § 7 Kommunikations- und Medienfreiheit, 191-262, 195ff.

gerichtete) „kommunikationsverfassungsrechtliche" Auslegung des Art. 5 Abs. 1 GG zu ersetzen.[150] Dies wird einerseits unter Verweis auf Einwirkungen des Europarechts[151] und andererseits angesichts der Kommunikationsfreiheiten als „Jedermannsfreiheiten" in Zeiten der Digitalisierung gefordert.[152] Ein einheitlicher Gewährleistungsbereich mit einheitlichen Schranken solle die kleinteilige Dogmatik der Kommunikationsgrundrechte überwinden[153], denn das Verständnis von Art. 5 Abs. 1 GG als „Kommunikationsverfassung" würde die „ausgestoßenen" Grundrechte, wie es etwa die Rundfunkfreiheit eines ist, wieder in den Kanon der tradierten subjektiven Freiheitsgrundrechte aufnehmen.[154] Der einheitliche Schutzbereich des Art. 5 Abs. 1 GG würde die unterschiedlichen Regulierungsregime der Kommunikationsarten aufheben. Die Kommunikation in all ihren Ausprägungen wäre von einem gemeinsamen individuellen Freiheitsgrundrecht geschützt. Meinungen und Unternehmen in Presse und Rundfunk würden sich anhand der Marktlogik regulieren.

Die Vertreter der Kommunikationsverfassung des Art. 5 Abs. 1 GG müssen sich aber die Frage stellen lassen, inwiefern sie tatsächlich verfassungsrechtliches Neuland fordern. Würde der grundrechtliche Schutzbereich der Rundfunkfreiheit innerhalb der Kommunikationsverfassung soweit geöffnet, dass Rundfunk ein Jedermannrecht ist und die Rundfunkordnung einer Marktlogik folgt, bestünde nach wie vor die Möglichkeit – und bei Vielfaltsdefiziten die Notwendigkeit – über gerechtfertigte Eingriffe dieses Grundrecht zu beschränken.[155] Ein solcher Eingriff wäre auch die Konkurrenz durch einen öffentlich-rechtlichen und von der Allgemeinheit finanzierten Rundfunk auf dem Rundfunkmarkt. Verschiedene Untersuchungen zeigen, dass selbst unter der dualen Rundfunkordnung Meinungskonzentrationen und Verengungen der Meinungspluralität im Medienbereich ein tatsächlich

---

[150] Vgl. *Schoch* JZ 2002, 806; *Gersdorf*, AfP 2010; *Gersdorf* 2009, 50ff, 95; *Schoch*, VVDStRL 57, 158, 193ff.

[151] Art. 10 Abs. 1, 2 EMRK sowie Art. 11 Abs. 2 GRCh EU.

[152] Vgl. *Gersdorf* 2009, 51.

[153] Vgl. *Karl Hain*, Ist die Etablierung einer Internetdienstefreiheit sinnvoll?, K&R 2012, 98-103, 103.

[154] Vgl. *Gersdorf* 2009, 50f; *Schoch*, JZ 2002, 806.

[155] So sieht etwa *Starck*, in *v. Mangoldt/Klein/Starck*, GG, Art. 5 Abs. 1,2, Rn. 110 ein Genehmigungsverfahren für die Rundfunkzulassung auch innerhalb einer subjektiv-rechtlichen Rundfunkkonzeption als zulässig an. Gesetzliche Regelungen würden auch hier Gefahren für die Meinungspluralität vorbeugen und die Rundfunkveranstalter müssten eine „organisatorische, finanzielle, personelle und technische Mindestausstattung" gewährleisten.

vorhandenes Phänomen sind.[156] Die Marktkonzentration und Vielfaltsdefizite entstehen nicht nur in den einzeln betrachteten Märkten für Zeitungen, Hörfunk oder Fernsehen, sondern besonders dann, wenn Unternehmen unterschiedlicher Medienbereiche fusionieren, oder wenn sich Unternehmen unterschiedlicher Stufen der Medienproduktion zusammenschließen. Die sogenannte *Vertikale Konzentration* oder *cross media Konzentration* liegt beispielsweise bei der Unternehmensübernahme eines Fernsehsenders durch einen Fernsehproduzenten vor, oder aber wenn Medienunternehmen sowohl Zeitungen als auch Fernseh- oder Hörfunk produzieren.[157] So konnte für das Jahr 2012 nachgewiesen werden, dass 37 der 49 führenden Zeitungsunternehmen auch im lokalen und regionalen Hör- und Fernsehfunk beteiligt sind.[158] Die Konzentrationen im Medienbereich führen nicht nur zu Marktzugangsbarrieren für neue Medienanbieter, sondern überdies auch zu Defiziten in der Vielfalt der verbreiteten Meinungen und somit zu jenen Gefahren für die freie Meinungsbildung, die das Bundesverfassungsgericht seit 1961 gesehen hat.[159] Die bereits aktuell, also mit Vorhandensein eines öffentlich-rechtlichen Rundfunks, erkennbaren Marktdefizite im Medienbereich würden erst recht in einer Rundfunkordnung auftreten, die einer reinen Marktlogik folgt. Im Ergebnis müsste auch nach dem Verständnis von Art. 5 Abs. 1 GG als „Kommunikationsverfassung" ein öffentlich-rechtlicher Rundfunk die Defizite ausgleichen.

Die unterschiedlichen Grundrechtskonzeptionen für den Rundfunk haben als Gemeinsamkeit die Möglichkeit eines öffentlich-rechtlichen Rundfunks als Korrektiv von Meinungsdefiziten. Denn neben dem Verständnis der „dienenden" Rundfunkfreiheit sehen auch die Vertreter der Kommunikationsverfassung für den Fall von Marktdefiziten und Konzentrationserscheinungen einen öffentlich-rechtlichen

---

[156] Vgl. *Ralf Dewenter*, Der Mediensektor zwischen Wettbewerb und (De-)Regulierung, in: *Theresia Theurl* (Hrsg.), Gute Regeln oder Wirtschaftslenkung?, Berlin 2011, 145-179, 155 sieht „zumindest innerstaatlich relativ hohe Konzentrationstendenzen"; zum „praktisch wettbewerbslosen" Privatrundfunk vgl. *Bernd-Peter Lange*, Medienwettbewerb, Konzentration und Gesellschaft, Wiesbaden 2008, 107; *Jürgen Heinrich*, Medienökonomie. Bd. 2, Opladen 1999, 463ff; *Laura Johanna Reinlein*, Medienfreiheit und Medienvielfalt, Frankfurt/Main 2011, 27-33; *Marie Luise Käfer/Christian Steininger*, Medienökonomik, München 2014, 114 u. 399f.

[157] Vgl. *Käfer/Steininger* 2014, 111.

[158] Vgl. *Horst Röper*, Multimediale Anbieter- und Angebotsstrukturen auf lokaler Ebene, in: Media Perspektiven 2012, 648-662, 653.

[159] Vgl. *Werner Maier*, Gesellschaftliche Folgen der Medienkonzentration, in: APuZ, B 12-13/2004, 3-6, 4f.

Rundfunk als gerechtfertigt an.[160] Die gleiche Auffassung der Meinungsfreiheit findet sich auch im Europarecht.[161]

Der Unterschied beider Grundrechtskonzeptionen bleibt in der Forderung der Begrenzung des öffentlich-rechtlichen Rundfunks, wie er aktuell besteht, bestehen. Während die „dienende" Rundfunkfreiheit den Rundfunkanstalten einen umfassenden Auftrag erteilt, sieht die subjektivrechtlich verstandene Rundfunkfreiheit den öffentlich-rechtlichen Rundfunk lediglich als Korrektiv zum ansonsten marktdominierten Rundfunk. Festzuhalten bleibt aber, dass sowohl die Konzeption der „dienenden" Freiheit des Bundesverfassungsgerichts, als auch die subjektiv-rechtliche Rundfunkfreiheit im Sinne der „Kommunikationsverfassung" deutliche Hürden an die Ausübung der Rundfunkfreiheit stellen. In beiden Fällen bedarf es eines Genehmigungsverfahrens und finanzieller sowie programmlicher Mindeststandards der Rundfunkveranstalter. Und nach beiden Konzeptionen ist ein öffentlich-rechtlicher Rundfunk für den Ausgleich von Defiziten in der freien Meinungsbildung vorgesehen.

Man wird sich letztlich nicht umhinkommen, die Rundfunkfreiheit nicht nur als eine Freiheit für die Veranstalter zu sehen. Das Recht der Rundfunkteilnehmer auf eine freie Informierung kann nicht vernachlässigt sein und lässt sich deshalb aus Art. 5 Abs. 1 S. 2 GG entnehmen.[162] Auch der Wortlaut von Art. 5 Abs. 1 S. 2 GG bietet einen Anhaltspunkt dafür, dass das Grundgesetz nicht nur die Freiheit der Sender von Rundfunk, sondern auch die Freiheit seiner Empfänger einschießt. Die *freie Berichterstattung* durch den Rundfunk, und nicht der Begriff der „Rundfunkfreiheit" wird verwendet, was in erster Linie auf eine von Einflüssen freie Informierung und Berichterstattung hindeutet. Darin zeigt sich, dass Art. 5 Abs. 1 S. 2 GG sowohl den Rezipienten des Rundfunks als auch den Veranstalter und Hersteller im

---

[160] Vgl. *Gersdorf* 2009, 71f; *Schoch*, JZ 2002, 806; *Christoph Degenhart*, Medienrecht und Medienpolitik im 21. Jahrhundert, in: *Jörn Lüdemann/Michaela Tschon*, Kommunikationsordnung im 21. Jahrhundert, Aachen 2000, 57-90, 74 u. 77.

[161] Nach Art. 10 Abs. 1 EMRK ist die Freiheit der Meinungsäußerung im Bereich Rundfunk eine Rundfunkveranstalterfreiheit, also subjektiv-rechtlicher Natur. Sie kann gem. Art. 10 Abs. 2 EMRK zum Zwecke der Meinungsvielfalt und des Allgemeinwohls Schranken unterliegen. Ein öffentlich-rechtlicher Rundfunk kann gem. Art. 10 Abs. 1 S. 3 EMRK errichtet werden, er muss pluralistisch organisiert sein, vgl. *Jens Meyer-Ladewig*, EMRK. Handkommentar, 3. Aufl., Baden-Baden 2011, Art. 10, Rn. 28f, 69. Die Medienfreiheit nach Art. 11 Abs. 2 GRCh der EU umfasst ebenso die Rundfunktätigkeit natürlicher Personen. Eingriffe in den Rundfunk können im Interesse der Pluralität gerechtfertigt werden, aber ein staatlich monopolisierter Rundfunk ist ausgeschlossen, vgl. *Hans Jarass*, GRCh. Kommentar, München 2010, Art. 11, Rn. 33, 38f, 44. Ein legitimer Zweck als Schranke für die Rundfunkfreiheit ist in jedem Fall die Medienvielfalt, vgl. *Christian Calliess*, in: *Christian Calliess/Matthias Ruffert*, EUV-EGV. Kommentar, 3. Aufl., München 2007, Art. 11 GRCh, Rn. 29.

[162] Vgl. auch *Hesse* 2003, 68.

Blick hat. Eine ausschließlich subjektivrechtliche Auslegung der Rundfunkfreiheit lässt zu viele Beteiligte unberücksichtigt und verkürzt den Schutzbereich der Rundfunkfreiheit in unverhältnismäßiger Weise. Der Auffassung des Bundesverfassungsgerichts, wonach die Rundfunkfreiheit eine subjektive Grundrechtsposition ist und gleichwohl eine objektivrechtliche Komponente besitzt, ist zuzustimmen.

Das Bundesverfassungsgericht hält weiterhin an seiner Rundfunkordnung fest und zeigt sich von kommunikationsverfassungsrechtlichen Vorstellungen unbeeindruckt. Zuletzt in seinem ZDF-Urteil aus dem Jahr 2014 betonte es erneut, dass dem Staat eine „Strukturverantwortung für den Rundfunk" zukommt. „Den Staat trifft hier, anders als in Wirtschaftsbereichen, die grundsätzlich privatwirtschaftlichem Handeln überlassen sind, mehr als eine nur ergänzende Regulierungsverantwortung". Der Staat trägt selbst sorge für eine freie Informierung durch den Rundfunk mittels der von ihm gesetzten Rundfunkordnung.[163]

c) Staatsfreiheit

Ein Strukturprinzip des Rundfunks hat sowohl für die abwehrrechtliche Seite als auch für die objektive Ordnung des Rundfunks besondere Bedeutung: die Staatsfreiheit. Die Staatsfreiheit des Rundfunks ist einerseits Ausdruck der subjektiven Rundfunkveranstalterfreiheit, die die Vertraulichkeit der redaktionellen Arbeit frei von staatlicher Beeinflussung verlangt. Andererseits kommt das Prinzip der Staatsfreiheit besonders im Ordnungsgedanken vom Rundfunk als einer öffentliche Aufgabe und dienenden Freiheit zum Tragen. Da der Rundfunk nicht nur das Medium für die Informierung der Bevölkerung, sondern in sich selbst auch ein Faktor der Meinungsbildung ist, bedarf er einer besonderen Strukturierung und „Vorkehrungen zur Verwirklichung und Aufrechterhaltung der in Art. 5 GG gewährleisteten Freiheit des Rundfunks."[164] Die Organisationsstruktur der Rundfunkveranstalter muss im Sinne der freien und unbeeinflussten Berichterstattung und Meinungsbildung „alle gesellschaftlich relevanten Kräfte zu Wort kommen" lassen.[165] Das Organisationsprinzip der Staatsfreiheit hat für den öffentlich-rechtlichen Rundfunk vorrangig darin Bedeutung, dass dessen Meinungsvielfalt durch einen „Binnenpluralismus" garantiert werden soll. Das bedeutet, dass die internen Aufsichtsgremien und programmüberwachenden Rundfunkräte aus Repräsentanten der verschiedenen gesellschaftlichen Gruppen zusammengesetzt sein müssen. Keine der Gruppen darf

---

[163] BVerfG, Urt. v. 25. März 2014 = ZUM 2014, 501-517, 507.
[164] BVerfGE 12, 205, 261.
[165] BVerfGE 12, 205, 262.

im Rundfunk eine monopolhafte Stellung erhalten, da die Gefahr besteht, dass dies direkt einen Missbrauch der Programmgestaltung nach sich zieht. In gleichem Sinne darf auch keinem Vertreter von staatlichen Stellen ein zu großer Einfluss in den Gremien der Rundfunkanstalten eingeräumt werden.[166] Das bedeutet aber keineswegs, dass Vertreter von staatlichen Organen und Behörden von vornherein ausgeschlossen sind. Vielmehr dient auch die Einbeziehung von Vertretern staatlicher Stellen der Vielfaltssicherung.

Für den privaten Rundfunk findet das Prinzip der Staatsferne in einer staatsfern zu gestaltenden Aufsicht seinen Ausdruck.[167] Der Aufsicht sind sowohl direkte Einflüsse auf „Auswahl, Inhalt und Gestaltung der Programme“ als auch mittelbare Beeinträchtigungen durch staatliche Behörden verboten.[168] Die staatliche Aufsicht über den privaten Rundfunk erfolgt durch öffentlich-rechtliche Landesmedienanstalten. Auch sie besitzen pluralistisch zusammengesetzte Organe und Gremien. Die Vertreter aller relevanten gesellschaftlichen Gruppen sollen für die Einhaltung des Meinungsbildungsauftrages im Privatrundfunk sorgen.[169]

Die in die Aufsichtsgremien entsendeten Vertreter haben dabei nicht die Aufgabe, die Interessen ihrer gesellschaftlichen Gruppe in die Programmgestaltung einzubringen.[170] Sie sind „vielmehr Sachwalter des Interesses der Allgemeinheit“.[171] Durch die Gremien muss demnach garantiert werden, dass das Rundfunkprogramm politisch, weltanschaulich und gesellschaftlich ausgewogen ist. Deshalb ist es das Ziel der Gremien, über ein insgesamt pluralistisches Programm zu wachen und nicht nur über die Summe ihrer Einzelinteressen.[172]

Bereits der Thüringer Verfassungsgerichtshof hatte im Jahr 1998 in einer abstrakten Normenkontrolle entschieden, dass das Gebot der Staatsferne nicht die Mitgliedschaft von Vertretern der Landesregierungen oder anderen dem Staat zuzurechnenden Vertretern[173] in den Rundfunkgremien (hier des MDR) automatisch verbietet. Vielmehr müsse gewährleistet sein, dass deren Anzahl auf ein angemessenes Maß begrenzt wird. Unangemessen wäre der staatliche Einfluss dann, wenn

---

166 BVerfGE 12, 205, 262.
167 Die Landesmedienanstalten sind auch öffentlich-rechtliche Anstalten, die das Selbstverwaltungsrecht besitzen.
168 BVerfGE 73, 118, 183.
169 Vgl. bspw. §§ 40 u. 42 Landesmediengesetz Thüringen.
170 Vgl. *Matthias Cornils*, Anmerkung zu BVerfG. Urt. v. 25. März 2014, ZJS 2014, 447-453, 447.
171 BVerfGE 83, 238, 333.
172 BVerfGE 83, 238, 333.
173 Der Staatsseite zuzurechnen sind demnach Vertreter der Landesregierung, der Parteien im Landtag (bereits von Art. 12 Abs. 2 ThürVerf gefordert), zweifelhaft jedoch Vertreter von kommunalen Spitzenverbänden.

die staatlichen Vertreter eine mit zwei Dritteln Mehrheit zu treffende Entscheidung verhindern könnten. Neben dieser numerischen Obergrenze für staatliche Vertreter von *unter einem Drittel* der Mitglieder müsse zudem auch der tatsächliche Einfluss auf die Kontrolltätigkeit des Rundfunkrats beobachtet werden.[174]

Abseits dieser Vorgaben durch die Verfassungsrechtsprechung[175] wurde die tatsächliche Praxis der Programmgestaltung durch die Rundfunkgremien insbesondere im öffentlich-rechtlichen Rundfunk und hierbei im Fernsehrat des ZDF deutlich kritisiert. Der Grund hierfür lag in der übermäßigen Repräsentation politischer Parteien in den Gremien. Der Einfluss der Parteien, so die Kritik, drohe so stark zu werden, dass das Prinzip der Staatsfreiheit konterkariert würde.[176] Vertreter von Parteien und ihnen nahestehende Gruppen hatten nach der ursprünglichen Zusammensetzung einen wesentlichen Einfluss auf die Programm- und Personalgestaltung des ZDF-Rundfunks.[177]

Dementsprechend kam das Urteil des Bundesverfassungsgericht im Frühjahr 2014[178], das die 50 Jahre lang bestehende Praxis im ZDF Fernsehrat für unvereinbar mit Art. 5 Abs. 1 S. 2 GG erklärte, nicht unerwartet.[179] Auslöser für das Verfahren war die offensichtlich politisch motivierte Nichtverlängerung des Vertrages des ZDF-Chefredakteurs Nikolaus Brender durch den ZDF-Verwaltungsrat im Jahr 2009.[180] Das Urteil rekurriert auf die dienende Aufgabe des öffentlich-rechtlichen Rundfunks, eine freie individuelle und öffentliche Meinungsbildung zu ermöglichen.[181] Zur Erfüllung dieses Auftrages bedarf es auch einer an Vielfalt und Diversifizierung orientierten Organisation und Gremienzusammensetzung der Rundfunk-

---

[174] ThürVerfGH, Urt. v. 20. März 1998 – VerfGH 10/96; abgedruckt in ThürVBl. 1998, 232-240; DÖV 1998, 891; LVerfGE 8, 337.

[175] Zur Genese des Staatsfreiheitsprinzips in den Gerichtsurteilen siehe *Christian Starck*, Das ZDF-Gremien-Urteil des Bundesverfassungsgerichts und seine gesetzliche und staatsvertragliche Umsetzung, JZ 2014, 552-557, 552f.

[176] Vgl. *Schulze-Fielitz*, in: *Dreier*, GG, Art. 5 Abs. I, II, Rn. 261 m. w. N.

[177] Vgl. die deutliche Kritik am ZDF-Fernsehrat bei *Walter Schmitt Glaeser*, Die Macht der Medien in der Gewaltenteilung, JöR 50 (2002), 169-190, 181f: Staatsfreiheit ist das „in den schönsten Farben gemalte Wunschbild“; „Farce“. Siehe auch *Klaus Stern*, Das Staatsrecht der Bundesrepublik Deutschland, München 2006, § 110 Rundfunkfreiheit, S. 1709.

[178] BVerfG, Urt. v. 25. März 2014 = ZUM 2014, 501; DVBl. 2014, 649; JZ 2014, 560; NVwZ 2014, 867.

[179] Vgl. *Cornils* ZJS 2014, 447.

[180] Vgl. *Dieter Dörr*, Die Mitwirkung des Verwaltungsrats bei der Bestellung des ZDF-Chefredakteurs und das Problem der Gremienzusammensetzung, K&R 2009, 555-558; *Karl Hain/Frederik Ferreau*, Rechtliche Bindungen des ZDF-Verwaltungsrats?, K&R 2009, 692-696.

[181] BVerfG, ZUM 2014, 501-517, 506.

anstalten.[182] Hierbei stellte das Bundesverfassungsgericht nunmehr verbindlich fest, dass staatliche Vertreter[183] nicht von vornherein mit dem Prinzip der Staatsferne unvereinbar sind.[184] Doch auch für diese Vertreter gilt, dass sie nicht in die Gremien berufen werden, um ihre eigenen Interessen „einseitig-autoritativ" umzusetzen.[185] „Die Zusammensetzung der Gremien muss schon die Möglichkeit einer Instrumentalisierung der Berichterstattung im Sinne solcher [staatlicher] Akteure wirksam ausschließen."[186] Die staatsfernen Mitglieder in den Aufsichtsgremien müssen deshalb in der Summe einen bestimmenden Einfluss besitzen. Die Mitwirkung der staatlichen Vertreter hingegen muss begrenzt werden.[187] Können die staatlichen Vertreter Entscheidungen allein durchsetzen oder aber blockieren, ist dies nicht mit dem Gebot der Staatsferne vereinbar.[188] Konsequenterweise zieht das Bundesverfassungsgericht daraus den Schluss, dass der Anteil der staatlichen Mitglieder zahlenmäßig eingegrenzt werden muss und ein Drittel der Mitgliederzahl nicht überschreiten darf.[189] Zudem müssen auch die staatlichen Vertreter dem Gebot der Vielfaltssicherung Rechnung tragen, weshalb besonders auch kleinere politische Strömungen vertreten sein müssen.[190] Das Urteil macht deutlich, dass dem Bundesverfassungsgericht keinesfalls eine strenge Staatsfreiheit des Rundfunks vorschwebt. Vielmehr ist mit dem Begriff der Staats*ferne* ein integratives Verständnis zu erkennen, dass auch die staatlichen Vertreter zur Vielfaltssicherung notwendig hinzuzählt, gleichwohl aber jeden beherrschenden Einfluss ausschließen möchte.[191]

3. Verfassungsrechtlicher Rundfunkbegriff

Wie selbstverständlich wurde auch in diesem Beitrag bisher umfassend vom Begriff des Rundfunks Gebrauch gemacht, ohne ihn näher zu definieren. Dass zum Rundfunk der *Hörfunk* über das Radio und der *Fernsehfunk* gehören, dürfte hin-

---

[182] BVerfG, ZUM 2014, 501-517, 507. Vgl. *Albrecht Hesse/Axel Schneider*, Anmerkung zu BVerfG, Urt. v. 25. März 2014, NVwZ 2014, 881-882, 881.
[183] Von allen staatlichen Ebenen möglich: Bund, Länder, Kommunen und funktionale Selbstverwaltungsköperschaften.
[184] BVerfG, ZUM 2014, 501-517, 507.
[185] BVerfG, ZUM 2014, 501-517, 507.
[186] BVerfG, ZUM 2014, 501-517, 508.
[187] BVerfG, ZUM 2014, 501-517, 508.
[188] BVerfG, ZUM 2014, 501-517, 508.
[189] BVerfG, ZUM 2014, 501-517, 509; dazu *Starck* JZ 2014, 554.
[190] BVerfG, ZUM 2014, 501-517, 510.
[191] Vgl. *Cornils* ZJS 2014, 449.

länglich bekannt sein.[192] Damit ist aber weder abschließend etwas über alle Bereiche des Rundfunks gesagt, noch werden dadurch die Wesensmerkmale des Rundfunks beschrieben.

Ebenso wenig kann für diese Untersuchung die Rundfunkdefinition des Rundfunkstaatsvertrages herangezogen werden. Demnach ist Rundfunk „ein linearer Informations- und Kommunikationsdienst; er ist die für die Allgemeinheit und zum zeitgleichen Empfang bestimmte Veranstaltung und Verbreitung von Angeboten in Bewegtbild oder Ton entlang eines Sendeplans unter Benutzung elektromagnetischer Schwingungen."[193] Der Rundfunkstaatsvertrag unterscheidet den Rundfunkbegriff von dem der sogenannten Telemedien. Telemedien sind demnach alle „elektronischen Informations- und Kommunikationsdienste" die nicht linear gesendeter Rundfunk im Sinne des Rundfunkstaatsvertrages sind.[194] Der Begriff der Telemedien ist dem Schutzbereich von Art. 5 Abs. 1 GG nicht bekannt, dieser nutzt allein den Begriff des Rundfunks.

Die vorliegende Untersuchung hat zur Aufgabe, die verfassungsrechtliche Zulässigkeit von Onlineaktivitäten der öffentlich-rechtlichen Rundfunkanstalten zu untersuchen. Die Onlineaktivitäten der Rundfunkanstalten sind im Rundfunkstaatsvertrag in §§ 11a Abs. 1 und 11d als Teil des Rundfunkauftrages normiert. Sie gelten einfachgesetzlich als Telemedien, nicht als Rundfunk.

Der einfachgesetzliche Rundfunkstaatsvertrag mit seiner Unterteilung in Rundfunk und Telemedien kann aber selbst nicht der Maßstab über eine verfassungsrechtliche Zulässigkeitsprüfung sein. Verfassungsrecht kann nicht am Maßstab des einfachen Rechts ausgelegt werden.[195] Dies ergibt sich bereits aus dem Umstand, dass die einfachgesetzliche Rundfunkdefinition vom Gesetzgeber angepasst wird, je nach Entwicklung der Rundfunktechnik und entsprechend der vom Gesetzgeber gewollten Tätigkeiten der Rundfunkanstalten. Während der erste Rundfunkstaatsvertrag noch vom „Fernsehtext" als einzige Sonderform des Rundfunks sprach, ist mittlerweile mit dem Begriff der Telemedien[196] ein viel größerer Bereich dem Rundfunkbegriff zur Seite gestellt. Die vom Gesetzgeber vorgeschriebene Veranstaltung von Telemedien aufgrund § 11d RStV sowie die staatsvertragliche Rundfunkdefinition in § 2 Abs. 1 RStV können verfassungsrechtlich nur am Maßstab von Art. 5 Abs. 1 S. 2 GG geprüft werden.

---

[192] Vgl. *Herrmann* 1994, 12.
[193] § 2 Abs. 1 S. 1 RStV vom 01.01.2013.
[194] § 2 Abs. 1 S. 3 RStV.
[195] Vgl. *Hans Jarass*, Rundfunkbegriffe im Zeitalter des Internets, AfP 1998, 133-141, 133.
[196] Einfachgesetzlich stellen die im Internet verfügbaren *nicht linearen* Veranstaltungen und Angebote der Rundfunkanstalten Telemedien dar, vgl. etwa § 11d Abs. 4 RStV; *Fechner* 2014, 352ff; *Petersen* 2008, 279.

Der verfassungsrechtliche Rundfunkbegriff kann diese Anforderung erfüllen. Die aus Art. 5 Abs. 1 S. 2 GG entnommene Dogmatik mitsamt ihrem öffentlich-rechtlichen Rundfunkauftrag ist der Maßstab, an dem sich alle öffentlich-rechtlichen Rundfunkaktivitäten messen lassen müssen. Was also sind die Merkmale des verfassungsrechtlichen Rundfunkbegriffs? Obwohl denkbar knapp, lässt sich dem Wortlaut „Berichterstattung durch den Rundfunk" entnehmen, was den verfassungsrechtlichen Rundfunkbegriff ausmacht.[197] Es werden hieraus drei Kriterien ersichtlich.

a) Verbreitung – Berichterstattung *durch* den Rund*funk*

Das erste Merkmal des Rundfunkbegriffs ist die *technische Übertragung*, mit der eine räumliche Distanz zwischen Sender und Empfänger überwunden werden muss. Die technische Übertragung umfasst den körperlosen Funk ebenso wie den kabelgebundenen Drahtfunk.[198] Auf die genaue Art der elektro-magnetischen Übertragung (analog oder digital; per Satellit oder über Kabel) kommt es jedoch nicht an.[199] Eine verfassungsrechtliche Festlegung auf einen bestimmten Technologiestand stünde der Rundfunkdogmatik und dessen Entwicklungs- und Technologieoffenheit[200] entgegen.[201] Dieses Merkmal tritt in besonderer Weise als Abgrenzung zum verfassungsrechtlichen Pressebegriff auf, da es bei letzterer nach wie vor auf die körperliche Verbreitung des Druckerzeugnisses, beim Rundfunk jedoch gerade auf die körperlose Übertragung ankommt.[202]

b) Allgemeinheit – Berichterstattung durch den *Rund*funk

Mit dem Merkmal der *Allgemeinheit* grenzt sich der Rundfunkbegriff weiterhin von der Meinungsfreiheit ab. Denn die Rundfunkkommunikation ist nicht gestützt auf das individuelle Interagieren von Kommunikationsteilnehmern. Ganz im Gegenteil wendet sich der Rundfunk einer unspezifischen Öffentlichkeit zu.[203] Dies wird deutlich in der dem Rundfunk innewohnenden Art der Kommunikation, wonach von einem Sender an *eine unbestimmte Vielzahl von Rezipienten* gesendet wird. Der

[197] Äußerst erhellend hierzu der Beitrag von *Korte* AöR 2014, 390-392.
[198] Vgl. *Antoni*, in: *Hömig* 2010, Art. 5 Rn. 19.
[199] Vgl. *Franz Schemmer*, in: *Epping/Hillgruber*, GG. Kommentar, München 2009, Art. 5 Abs. 1, Rn. 67. BVerfGE 74, 297, 350f.
[200] Dazu weiter unten.
[201] Vgl. *Korte* AöR 2014, 390.
[202] Vgl. *Ricker/Schiwy*, 1997, 68ff.
[203] Vgl. *Schemmer* 2009, Art. 5 Abs. 1, Rn. 68.

Rundfunk muss der Allgemeinheit einerseits *zugänglich* sein und andererseits müssen die vom Rundfunk versendeten Inhalte auch für die Allgemeinheit *bestimmt sein.*[204] Die vom Rundfunk der Allgemeinheit zur Verfügung gestellten Informationen dienen der Informierung und Meinungsbildung der Bevölkerung, woraus sich der hervorgehobene Stellenwert des Rundfunks für die öffentliche Kommunikation ergibt.[205] Von einer Allgemeinheit der Rezipienten kann bereits dann ausgegangen werden, wenn die angesprochenen Empfänger nicht im Voraus festgelegt wurden oder bestimmbar sind.[206]

c) Darbietung – *Berichterstattung* durch den Rundfunk

Im Unterschied zum Tatsachenbericht, der eine reine Informationswieder- oder weitergabe darstellt, ist die Berichterstattung von einer „publizistischen Aufbereitung" geprägt.[207] Im Merkmal der Darbietung durch den Rundfunk verdeutlicht sich das Bonmot des Bundesverfassungsgerichts, der Rundfunk sei „Medium und Faktor"[208]. Vom Rundfunk vermittelte Informationsgehalte haben *Relevanz für den Meinungsbildungsprozess*. Fehlt es an dieser Qualität, entfällt der Rundfunkcharakter.[209] Die Leistung, die der Rundfunkveranstalter, ob öffentlich oder privat, erbringen muss, ist eine *redaktionelle Aufbereitung der Informationen.*[210] Eine redaktionelle Bearbeitung der Programminhalte setzt dabei immer voraus, dass der Rundfunkveranstalter Inhalte selbst auswählt, selektiert und in einer programmlichen Darstellung wiedergibt.[211] Durch dieses Auswählen und Bearbeiten der Informationen fügt der Rundfunkveranstalter eigene Meinungen, Absichten oder Einflüsse zum Informationsgehalt hinzu. Und auch die Entscheidung, bestimmte Inhalte nicht zu senden und in das Programm nicht aufzunehmen, hat Auswirkungen auf die Rezipienten.[212] Deshalb ist der Rundfunk selbst nicht nur Vermittler, sondern „Faktor" der Meinungsbildung.

Das Bundesverfassungsgericht hat betont, dass eine Einschränkung des Rundfunks auf „seriöse" Inhalte nicht zulässig ist.[213] Unterhaltende Programme können

---

[204] Vgl. *Starck* 2010, Art. 5 Abs. 1,2, Rn. 97; *Korte* 2014, 391.
[205] Vgl. *Hubertus Gersdorf*, Grundzüge des Rundfunkrechts, München 2003, 40.
[206] Vgl. *Jarass* 2014, Art. 5, Rn. 36; a. A. *Christoph Degenhart,* in: Bonner Kommentar zum Grundgesetz, 123. Ergänzungslieferung, Heidelberg 2006, Art. 5 Abs. 1 u. 2, Rn. 678f.
[207] *Gersdorf* 2003, 38.
[208] BVerfGE 12, 205, 260; BVerfGE 57, 295, 320; BVerfGE 83, 238, 296.
[209] Vgl. *Gersdorf* 2003, 39; *Schemmer* 2009, Art. 5 Abs. 1, Rn. 69.
[210] Vgl. *Korte* 2014, 391.
[211] Vgl. *Ricker/Schiwy* 1997, 67.
[212] BVerfGE 59, 231, 258.
[213] BVerfGE 35, 202, 222.

in gleicher Weise einen Meinungsbildungsprozess auslösen und fördern.[214] Woran es letztlich aber nicht fehlen darf, ist die Relevanz der Information für die Meinungsbildung. Die Darbietung beschränkt sich nicht nur auf politische Meinungsbeiträge, sondern im weitesten Sinne auch auf kulturelle und bildende Programme wie sie in Konzerten, Theateraufnahmen, wissenschaftlichen Vorträgen, Unterrichtssendungen ebenso zu finden sind, wie in Sport- oder Showprogrammen mit unterhaltendem Inhalt.[215]

Abschließend kann hierzu gesagt werden, dass der verfassungsrechtliche Rundfunkbegriff durch seine drei Merkmale Allgemeinheit, Darbietung und Verbreitung/elektromagnetische Übertragung dem Anspruch gerecht wird, zeitloses Verfassungsrecht zu sein. Durch die drei Charakteristika ermöglicht es Art. 5 Abs. 1 S. 2 GG, nicht auf einem bestimmten Stand der Technik verharren zu müssen. Ganz im Gegenteil kann die Auslegung auch auf technische Entwicklungen Antworten finden und diese dem Rundfunkbegriff unterordnen. Ob dies auch für die Kommunikation im Internet gilt, wird im besonderen Teil dieses Forschungsvorhabens untersucht.

4. Zulässigkeit von privatem Rundfunk

Aufgrund des technischen Wandels und der gesunkenen Kosten für Rundfunkproduktionen ist die „Sondersituation" des Rundfunks der 1960er Jahre längst entfallen. Die technischen Übertragungswege erlauben es, wesentlich mehr Kanäle anzubieten, als in den 1950er Jahren. Die Produktionskosten für Rundfunkprogramme sind zumindest refinanzierbar geworden. Diese Entwicklung bemerkte auch das Bundesverfassungsgericht[216] und modifizierte, zur Aufrechterhaltung seiner ständigen Rechtsprechung, seine Rundfunkdogmatik. Demnach ist privater Rundfunk nicht von vornherein unzulässig. Er hat sich jedoch in die Rundfunkordnung, die nunmehr aus der öffentlich-rechtlichen Säule und der Säule des Privatrundfunks besteht, einzufügen und ebenso den verfassungsrechtlichen Ansprüchen aus Art. 5 Abs. 1 S. 2 GG zu genügen.[217] Das Rundfunkprogramm hat sich an publizistischen Kriterien zu orientieren.[218] Die Veranstaltung von privatem Rundfunk unterliegt

---

[214] „Sie können die Meinungsbildung unter Umständen sogar nachhaltiger anregen oder beeinflussen als ausschließlich sachbezogene Informationen." BVerfGE 101, 361, 389; siehe auch BVerfGE 57, 295, 319; BVerfGE 59, 231, 258. Vgl. auch hierzu *Wolfgang Hoffmann-Riem*, Pay TV im öffentlich-rechtlichen Rundfunk, Baden-Baden 1996b, 48.

[215] Vgl. *Hoffmann-Riem* 1996b, 48 unter Verweis auf BVerfGE 31, 314, 342.

[216] BVerfGE 31, 314, 326.

[217] BVerfGE 57, 295, 320ff.

[218] BVerfGE 90, 60, 87.

einem Genehmigungsvorbehalt, da der Gesetzgeber zur Erfüllung und Sicherung der freien und ausgewogenen Meinungsbildung gefordert ist, die Rundfunkordnung gesetzlich auszugestalten.[219] Dem privaten Rundfunk attestierte das Bundesverfassungsgericht regelmäßig Defizite in Breite und thematischer Vielfalt, woraus es die fortbestehende Legitimation für den öffentlich-rechtlichen Rundfunk herleitete und aufrechterhält. Denn solange der Privatrundfunk eine freie und ausgewogene Meinungsbildung durch sein Programm nicht gewährleisten kann, könne allein der öffentlich-rechtliche Rundfunk die Anforderung von Art. 5 Abs. 1 S. 2 GG erfüllen.[220] Insofern ist es auch vertretbar, niedrigere Anforderungen an den privaten Rundfunk gelten zu lassen. Doch auch wenn der private Rundfunk weniger strengen Anforderungen unterliegt, bedeutet das nicht, dass er von der Forderung nach gleichgewichtiger Vielfalt der Berichterstattung nach Art. 5 Abs. 1 S. 2 GG befreit wäre. Vielmehr geht das Bundesverfassungsgericht davon aus, dass alle Rundfunkveranstalter für die Rundfunkordnung Verantwortung tragen. Dementsprechend muss dies auch durch eine Kontrolle der privaten Rundfunkveranstaltungen gesichert werden.[221] Da der private Rundfunk aufgrund seiner Werbefinanzierung in einer gewissen Abhängigkeit von der Höhe seiner Einschaltquoten steht, unterliegt sein Programm Defiziten. Denn um hohe Zuschauerzahlen zu erreichen, muss sich das Programm als massentauglich erweisen. Die Folge ist, dass kulturelle Sendungen und Spartenprogramme sowie Informations- und Nachrichtensendungen vom privaten Rundfunk nicht in ausreichender Weise abgedeckt werden. Dies auszugleichen, ist die Aufgabe der Rundfunkanstalten.

5. Funktionen des öffentlich-rechtlichen Rundfunks

Sofern nun an einen privat organisierten Rundfunk in Deutschland geringere Anforderungen gestellt werden können als an den öffentlich-rechtlichen Rundfunk, fragt sich, worin die *legitimierende Grundlage* für das öffentlich-rechtliche und gebührenfinanzierte Rundfunksystem besteht. Wie bereits angesprochen steht die Rundfunkfreiheit des Art. 5 Abs. 1 S. 2 GG neben den übrigen Kommunikationsgrundrechten der Verfassung. Die Rundfunkfreiheit etabliert neben den subjektivabwehrrechtlichen Ausprägungen auch eine objektivrechtliche Dimension. Die Rundfunkfreiheit als dienende Freiheit wird einem übergeordneten Zweck unterstellt: die Freiheit der Meinungsbildung in der Gesellschaft.

---

[219] BVerfGE 90, 60, 89; BVerfGE 57, 295, 322; vgl. dazu *Johannes Fechner*, Die Aufsicht über den Privatrundfunk in Deutschland, Berlin 2003, 16f.

[220] BVerfGE 90, 60, 91; BVerfGE 87, 181, 199; BVerfGE 73, 118, 155ff.

[221] BVerfGE 73, 118, 159f, vgl. *Ricker/Schiewy* 1997, 186.

Der Rundfunk als Massenmedium ist wie die Presse für ein demokratisches Gemeinwesen, das sich auf eine freie Meinungsbildung des Volkes stützt, schlechthin konstituierend. Die Möglichkeit der ungehinderten und unbeeinflussten Informierung der Bevölkerung, verbunden mit der weiten Verbreitung und Empfangbarkeit der Programminhalte, bedeutet für den Rundfunk, dass er gewichtig zur Herausbildung der öffentlichen Meinung beiträgt. Dabei wird der Rundfunk durch seine überall gegebene Erreichbarkeit, seine zeitlich unmittelbare Aktualität und durch die besonders eindringliche und authentische Form der Berichterstattung durch Ton und Bewegtbild selbst zu einem beeinflussenden Faktor für die Meinungsbildung des Zuschauers oder Zuhörers.

Soweit die Rundfunkfreiheit als dienende Freiheit im Sinne der Meinungspluralität auftritt, findet sich die Legitimation für den öffentlich-rechtlichen Rundfunk in ebenjenen drei Kategorien *Breitenwirkung*, *Aktualität* und *Suggestivkraft*.[222] Der Rundfunk selbst hat eine nicht zu unterschätzende Wirkung auf seinen Rezipienten, will aber gleichzeitig eine freie Meinungsbildung erreichen und eine möglichst große Vielfalt der widergegebenen Meinungen und Stimmen abbilden. Um diesem Dilemma zu begegnen, leistet sich die deutsche Gesellschaft einen öffentlich-rechtlichen Rundfunk. Er soll durch sein Gebührenprivileg unabhängig von einer Marktlogik jene freien Informationen bereitstellen und gleichzeitig, durch seine staatsferne und binnenpluralistische Struktur[223], unbeeinflusst und ausgewogen berichterstatten.

a) Von der Grundversorgung zum klassischen Rundfunkauftrag

Die Funktion der Grundversorgung ist nicht weniger als die logische Konsequenz aus der verfassungsgerichtlichen Rechtsprechung zum Verhältnis von öffentlich-rechtlichem und privatem Rundfunk.[224]

Kommt dem Rundfunk in Deutschland insgesamt die Aufgabe zu, eine vielfältige und ausgewogene Berichterstattung zu gewährleisten und darf an den privaten Rundfunk gleichzeitig eine weniger hohe Anforderung hieran gestellt werden, so kann es nur der öffentlich-rechtliche Rundfunk sein, der den Auftrag der Meinungspluralität hinreichend erfüllt. Die Vielfalt soll also „im Ergebnis durch das

[222] Diese vom Rundfunk ausgehenden Wirkungen sind nicht zu verwechseln mit den drei Merkmalen des verfassungsrechtlichen Rundfunkbegriffes. Dazu ausführlich weiter unten.

[223] Vgl. *Herrmann* 1994, 293f u. 296.

[224] Zwar in den Entscheidungen 73, 118, 157; 74, 297, 325f; 83, 238, 297f vom Bundesverfassungsgericht in die Rechtsprechung eingeführt, geht der Begriff ursprünglich doch auf die Habilitationsschrift von Günter Herrmann zurück, vgl. *Günter Herrmann*, Fernsehen und Hörfunk in der Verfassung der Bundesrepublik Deutschland, Tübingen 1975, 322, 329 u. 378.

Gesamtangebot aller Veranstalter erfüllt" werden.[225] Den Anteil, den die öffentlich-rechtlichen Rundfunkanstalten zur Rundfunkfreiheit beizutragen haben, nannte das Bundesverfassungsgericht zunächst die „Grundversorgung".

Dabei verstand das Gericht unter dem Begriff der Grundversorgung „weder eine Mindestversorgung, auf die der öffentlich-rechtliche Rundfunk beschränkt ist oder ohne Folgen für die Anforderungen an den privaten Rundfunk beschränkt werden könnte, noch nimmt er eine Grenzziehung oder Aufgabenteilung zwischen öffentlich-rechtlichen oder privaten Veranstaltern etwa in dem Sinne vor, daß jene für den informierenden und bildenden, diese für den unterhaltenden Teil des Programmangebots zuständig wären."[226] Damit war auch geklärt, dass die Grundversorgung durch die Rundfunkanstalten mitnichten eine Mindestversorgung sein sollte, oder sich nur auf die von den Privaten vernachlässigten Rundfunkinhalte informierender oder kultureller Art beschränken dürfe.

Das Bundesverfassungsgericht benannte *drei Elemente* der Grundversorgung. Zunächst müsste der Rundfunk über eine *für alle erreichbare Übertragungstechnik* gesendet werden, zweitens sei ein inhaltlicher Standard nötig, der nach Angebot und Art der Darstellung eine *ausgeglichene und pluralistische Berichterstattung* im Sinne eines *Vollprogramms* entspreche. Und drittens müsse diese gleichgewichtige Vielfalt durch *„organisatorische und verfahrensrechtliche Vorkehrungen* abgesichert werden."[227]

Ihre Legitimation hat die notwendige Grundversorgung durch die Rundfunkanstalten in der Unzulänglichkeit, die den privaten Rundfunk ausmacht. Die Finanzierung der privaten Rundfunkveranstaltungen durch Werbeeinnahmen mache es nach der Auffassung des Bundesverfassungsgerichts für den privaten Rundfunk unerlässlich, seine Programme massentauglich und attraktiv für Werbekunden zu gestalten. Das Ziel hierbei ist die Steigerung der Einschaltquoten, die wiederum zu steigenden Werbeeinnahmen führen.[228] Infolge dieser Logik vernachlässigen die privaten Rundfunkveranstalter Programme und Sendungen, die bezogen auf die Einschaltquote unattraktiv sind, da sie nur von einem kleinen Teil der Bevölkerung angesehen oder angehört werden.[229] So verfolgt eine Informationssendung im Fernsehen

---

[225] BVerfGE 83, 238, 296.
[226] BVerfGE 83, 238, 287f.
[227] BVerfGE 74, 297, 326.
[228] Vgl. *Daniel Krausnick*, Das deutsche Rundfunksystem unter dem Einfluss des Europarechts, Berlin 2005, 41.
[229] BVerfGE 73, 118, 155.

oder ein Klassikkonzert im Radio nur eine Minderheit, weshalb diese Formate dementsprechend für Werbung und Einschaltquote von geringem Interesse sind.[230]

Die Grundversorgung entzieht sich dieser Marktlogik, worin auch ihr prägendes Element hervortritt. Das Angebot der Rundfunkanstalten soll unabhängig von Werbezwängen ein Vollprogramm darstellen, mit dem nicht nur politische oder kulturelle Inhalte vermittelt werden. Das öffentlich-rechtliche Rundfunkprogramm muss auch für einen Großteil der Bevölkerung erreichbar sein.[231] Nur auf dieser Grundlage ist es möglich, an den privaten Rundfunk geringere Anforderungen zu stellen.[232] Die Grundversorgung durch den Rundfunk schafft nach alledem jene Auswahl an umfassenden politischen, kulturellen, wirtschaftlichen und gesellschaftlichen Informationen für die Rezipienten, die es ermöglichen, eine öffentliche Meinungsbildung zu entfalten und aus ihr heraus auch die für das demokratische Gemeinwesen so essentielle politische Willensbildung zu ermöglichen.[233]

Verschiedentlich wird in der Literatur darauf hingewiesen, dass das Bundesverfassungsgericht vom Begriff der Grundversorgung Abstand genommen hat und stattdessen den Begriff des „klassischen Rundfunkauftrags“ oder des „Funktionsauftrags des öffentlich-rechtlichen Rundfunks“ verwendet.[234] Teile der Literatur vertraten die Auffassung, durch den Begriff des klassischen Rundfunkauftrags wäre besser umschrieben, welche „Aufgabe“ der öffentlich-rechtliche Rundfunk erfüllen müsse.[235] Soweit man damit den klassischen Rundfunkauftrag als „Aufgabe“ und die Grundversorgung als „Mittel“ dieser Aufgabe versteht, mag diese Meinung richtig sein. In dem Begriffswandel des Bundesverfassungsgerichts aber einen qualitativen Unterschied zu erkennen, wäre falsch. Der öffentlich-rechtliche Rundfunk hat gemäß des klassischen Rundfunkauftrags die gleichen Elemente der „dienenden“ Rundfunkfreiheit (Versorgung der ganzen Bevölkerung, Vollprogramm, Vielfalt) zu erfüllen, wie sie auch die Grundversorgung fordert. Insoweit beinhaltet der Begriff des Funktionsauftrags „von der Sache her nichts anderes“[236], da er „für sich genommen keinen Erkenntnisgewinn vermittelt“[237]. Welche weiteren Funktionen

[230] Vgl. *Peter Niepalla*, Die Grundversorgung durch die öffentlich-rechtlichen Rundfunkanstalten, München 1990, 56ff.
[231] Vgl. *Michael Libertus*, Der Grundversorgungsauftrag als Grundfunktion des öffentlich-rechtlichen Rundfunks und seine dogmatische Grundlegung, Media Perspektiven 1991, 452-460, 454.
[232] BVerfGE 83, 238, 297; 74, 297, 325.
[233] *Herrmann* 1975, 228f u. 235.
[234] So etwa in BVerfGE 90, 60, 90 unter Verweis auf BVerfGE 73, 118, 158.
[235] Vgl. *Hoffmann-Riem* 1996b, 64; *Held* 2008, 116 m. w. N.
[236] *Frank Fechner*, Medienrecht, 15. Aufl., Tübingen 2014, 282.
[237] *Hesse* 2003, 128.

des öffentlich-rechtlichen Rundfunks gehen mit dem klassischen Rundfunkauftrag einher?

b) Ausgewogenes Meinungsbild und Demokratieprinzip

Bereits mehrfach angeführt wurde die essentielle Rolle des Rundfunks als ein Medium der Massenkommunikation der modernen Gesellschaft. „Nur die freie öffentliche Diskussion über Gegenstände von allgemeiner Bedeutung sichert die freie Bildung der öffentlichen Meinung, die sich im freiheitlich demokratischen Staat notwendig »pluralistisch« im Widerstreit verschiedener Auffassungen, vor allem in Rede und Gegenrede bildet."[238] Deshalb kommt dem Rundfunk eine Funktion zu, die „schlechthin konstituierend für die freiheitlich-demokratische Grundordnung" ist.[239] „Eine Demokratie ist auf informierte und urteilsfähige Bürger angewiesen."[240]

Der Rundfunk stellt eine wichtige Verbindung zwischen Bevölkerung und dem verfassungspolitischen Leben dar.[241] Erstens bietet er aufgrund seiner technischen Möglichkeiten eine durch die Presse niemals erreichbare zeitliche *Aktualität und Schnelligkeit* in der Berichterstattung. Zweitens ist durch die nahezu *lückenlose Empfangbarkeit* von Hör- und Fernsehfunk und aufgrund der Ausstattung der privaten Haushalte mit Empfangsgeräten der Adressatenkreis des Rundfunks theoretisch auf die gesamte Bevölkerung erstreckt. Und drittens erfüllt der Rundfunk dank seiner staatsfreien Organisation die wichtige Aufgabe der *öffentlichen Kontrolle* der staatlichen Organe.[242] Da der Rundfunk neben der Presse und der allgemeinen Informationsfreiheit der Bevölkerung aktuelle Informationen und vielfältige Meinungen über das gesellschaftliche, politische und kulturelle Leben bereitstellt und zudem das verfassungspolitische Leben kritisch und unabhängig begleitet, ist er eine unverzichtbare Voraussetzung der Demokratie.

c) Seriosität und inhaltlicher Standard

Das von den Rundfunkanstalten zu gewährleistende Rundfunkprogramm beschränkt sich nicht allein auf Informationen, Nachrichten und politische Kommen-

---

238 BVerfGE 12, 113, 125.
239 BVerfGE 35, 202, 221; BVerfGE 12, 205, 259.
240 *Mario Martini*, Auch im Internet in der ersten Reihe?, DVBl. 2008, 1477-1485, 1479.
241 BVerfGE 12, 205, 259.
242 Vgl. *Niepalla* 1990, 68; *Michael Antoni*, in: *Dieter Hömig* (Hrsg.), Grundgesetz für die Bundesrepublik Deutschland, Baden-Baden 2013, Art. 5, Rn. 2, Art. 20, Rn. 3; BVerfGE 20, 56, 98.

tare. Das Programm muss ein Vollprogramm sein, das auch kulturelle, gesellschaftliche und rein unterhaltende Inhalte haben darf. In seinen frühen Entscheidungen geht das Bundesverfassungsgericht auch darauf ein, ob an das Programm ein bestimmter Anspruch im Sinne eines zu erwartenden Niveaus gestellt werden könne. Das Rundfunkprogramm soll danach „von einem Mindestmaß von inhaltlicher Ausgewogenheit, Sachlichkeit und gegenseitiger Achtung" bestimmt sein.[243] Auf der anderen Seite betonte das Bundesverfassungsgericht, „eine Beschränkung auf »seriöse« [...] Produktionen liefe am Ende auf eine Bewertung und Lenkung durch staatliche Stellen hinaus, die dem Wesen dieses Grundrechts gerade widersprechen würde"[244]. Lässt sich ein Niveaustandard für den Rundfunk fordern? Diese Auffassung wird in Teilen vertreten.[245] Andererseits wird gewarnt, dass Forderungen nach einem bestimmten geistigen und sittlichen Gehalt von Meinungsäußerungen historisch betrachtet immer freiheitseinschränkend und autoritär gewirkt haben.[246] Unter Berücksichtigung der Tatsache, dass die Pressefreiheit des Art. 5 Abs. 1 S. 2 GG keine inhaltliche Bewertung (etwa seriöse, politische) an die Presseerzeugnisse anlegt,[247] sollte man Forderungen nach einem bestimmten inhaltlichen Niveau gegenüber dem Rundfunk stets skeptisch betrachten. Niveau als Maßstab an die Rundfunkprogramme anzulegen verbietet sich daher. Wer sollte diesen Maßstab letztlich auch aufstellen? Wäre es der Staat, würde der Rundfunk schließlich doch unter eine staatliche Bevormundung gestellt werden.

Der Mindeststandard, den die Rundfunkanstalten garantieren müssen, ist das Gesamtprogramm, das internationale, europäische, nationale und regionale Belange in Politik, Kultur, Gesellschaft und Unterhaltung berücksichtigt.[248] Im Ergebnis darf sich der öffentlich-rechtliche Rundfunk weder ausschließlich auf unterhaltende In-

[243] BVerfGE 31, 314, 326; BVerfGE 12, 205, 261.
[244] BVerfGE 35, 202, 222. Deutlich kritisch gegenüber Qualitätsstandards auch *Sophie-Charlotte Lenski*, Die Tagesschau-App am Scheideweg des Medienwettbewerbs, Die Verwaltung 45 (2012), 465-489, 474f.
[245] Vgl. *Starck*, GG, Art. 5 Abs. 1, 2, Rn. 108.
[246] Vgl. *Hans Klein*, Rundfunkmonopol oder Pressezensur, in: Presserecht und Pressefreiheit, FS für Martin Löffler, hg. v. *Studienkreis für Presserecht und Pressefreiheit*, München 1980, 111-125, 118ff.
[247] Es steht dem Staat nicht zu, über die Qualität der Presseerzeugnisse zu befinden; auch rein unterhaltende oder sensationsheischende Presseerzeugnisse sind Presse, vgl. st. Rspr. BVerfGE 25, 296, 307; BVerfGE 50, 234, 240; BVerfGE 66, 116, 134; BVerfGE 101, 361, 388.
[248] Vgl. die gesetzliche Formulierung des Auftrages in § 11 Abs. 1 RStV.

halte[249] stützen, noch ist er einem absoluten Niveau-Standard seiner Sendungen unterworfen.[250] Daran ändert sich auch angesichts der wohl zutreffenden Kritik am Anteil der Unterhaltungssendungen und der Sportberichterstattung im öffentlich-rechtlichen Programm nichts. Gerade im Licht dieser praktischen Umsetzung ist die Erfüllung des klassischen Rundfunkauftrags zu fordern.[251]

d) Integrationsfunktion und Sozialstaatsprinzip

Die Integrationsfunktion und die Sozialstaatsfunktion werden regelmäßig als zwei weitere Zwecke des Rundfunks betrachtet. In seiner zweiten Rundfunkentscheidung betonte das Bundesverfassungsgericht eine weitere Funktion des Rundfunkauftrags. Die Rundfunkanstalten „erfüllen [...] integrierende Funktionen für das Staatsganze."[252] „Hörfunk und Fernsehen" haben laut dieser Auffassung „für die Integration der Gemeinschaft in allen Lebensbereichen eine maßgebende Wirkung".[253] Mit dieser *Integrationsfunktion* wird umschrieben, dass der Rundfunk ein Forum für breite Teile der Bevölkerung zum Zweck der öffentlichen Meinungsbildung darstellt. Die umfassend bereitgestellten Informationen bilden eine ebenso umfassende öffentliche Meinung heraus, deren Konsequenz ein *gesellschaftlicher Zusammenhalt* ist.[254] Je vielfältiger und ausgewogener die Berichterstattung ist, desto mehr Teile der Bevölkerung finden ihre Meinung im Rundfunk vertreten und beteiligen sich, so das Idealbild, am Prozess der öffentlichen Meinungsbildung.

---

[249] Hieran knüpft sich heftige Kritik, etwa von *Karl-Heinz Ladeur*, Zur Verfassungswidrigkeit der Regelung des Drei-Stufen-Tests für Onlineangebote des öffentlich-rechtlichen Rundfunks nach § 11 f RStV, ZUM 2009, 906-914, 907, der das Programm der Rundfunkanstalten zunehmend „von Inhalten entleert" sieht und demzufolge das Hauptprogramm nur auf Unterhaltung ausgelegt sei. Ähnlicher Duktus auch bei *Hubertus Gersdorf*, Öffentlich-rechtlicher Rundfunk 2.0: Von der Voll- zur Qualitätsversorgung, K&R 2012, 94-98, 94.

[250] Vereinzelt sehen Autoren als Element des klassischen Rundfunkauftrages einen „Kulturauftrag" des öffentlich-rechtlichen Rundfunks, vgl. *Christopher Wolf*, Der Kulturauftrag des öffentlich-rechtlichen Rundfunks in der Rechtsprechung des Bundesverfassungsgerichts, Frankfurt/Main 2010, 203; *Manfred Kops* (Hrsg.), Der Kulturauftrag des öffentlich-rechtlichen Rundfunks, Münster 2005.

[251] Deshalb sollte sich die Kritik auch weniger an den Auftrag der Rundfunkanstalten richten, sondern eher an die Praxis der Gremienaufsicht in den Rundfunkanstalten.

[252] BVerfGE 31, 314, 329.

[253] BVerfGE 35, 202, 222.

[254] Vgl. *Held* 2008, S. 119.

Während der Gedanke der *integrativen* Wirkung des Rundfunks gruppenbildend und auf die Funktion für das gesellschaftliche Zusammenleben bezogen ist[255] (*gesellschaftsbezogen*), stellt die Verbindung von Rundfunk und *Sozialstaatsprinzip* auf das Gegenteil ab. Der Rundfunk als Ausprägung des Sozialstaatsprinzips aus Art. 20 Abs. 1 und 28 Abs. 1 GG ist in dieser Denkweise *rezipientenbezogen*. Die Umsetzung des Sozialstaatsprinzips im Bereich des Rundfunks betrifft die Wirkungen und die Leistungen des Rundfunks für den Einzelnen. Dementsprechend muss der Rundfunk einerseits für jeden gleich empfangbar sein, niemand darf von Berichterstattung und Meinungsbildung ausgeschlossen werden.[256] Und andererseits muss der Rundfunk für jeden finanzierbar sein. Niemand darf durch zu hohe Kosten vom Rundfunk ausgeschlossen werden.[257] Letztlich ist der Zugang zu Wissen und Informationen und zu einem umfassenden Programm die Voraussetzung für einen minimalen Lebensstandard.[258]

6. Abgeleitete Institutionsgarantien des Rundfunks

Angesichts der rasanten Veränderungen in der Rundfunktechnik und in der Mediennutzung wäre es verfehlt, den öffentlich-rechtlichen Rundfunk an einem bestimmten Punkt seiner technischen und programmlichen Entwicklung einzufrieren. Hätten die Rundfunkanstalten ihre Legitimation nur für einen festgelegten Stand der Technik, dürften sie auf einen fortschreitenden Wandel der Technik und der gesellschaftlichen Kommunikationsformen nicht reagieren. Dies stünde jedoch im Konflikt mit dem Rundfunkauftrag. Dessen Erfüllung könnte in diesem Fall nicht mehr hinreichend garantiert werden. Denn es könnte nicht sichergestellt werden,

---

[255] Die Vorstellung einer Integrationsfunktion eines Grundrechts geht auf Rudolf Smend zurück, der bereits 1927 die „soziale, gruppenbildende Funktion der Meinungsäußerung" betonte, vgl. *Rudolf Smend*, Das Recht der freien Meinungsäußerung, Veröffentlichung der Vereinigung Deutscher Staatsrechtslehrer (VVDStRL) 4, Berlin u. Leipzig 1928, 44-73, 50. Siehe hierzu auch *Joachim Bühler*, Das Integrative der Verfassung, Baden-Baden 2011, S. 86f. Auch *Martini* DVBl. 2008, 1479 unterscheidet zwischen privatem Nutzen und gesellschaftlichem Nutzen des Rundfunks.

[256] Rundfunkendgeräte gehören im Sozialrecht zur Erstausstattung für die Wohnung gehören, vgl. *Arne von Boetticher*, in: *Johannes Münder* (Hrsg.), Sozialgesetzbuch II, 5. Aufl., München 2013, § 24, Rn. 31. Die Leistungen haben das Ziel, die Hilfeempfänger nicht von der Gesellschaft auszuschließen, vgl. *Eberhard Eichenhofer*, Sozialrecht, 8. Aufl., Tübingen 2012, 304. Die Geräte sind ebenso nach § 811 Abs. 1 Nr. 1 ZPO unpfändbar, vgl. *Rainer Kemper*, in: *Ingo Saenger* (Hrsg.), Zivilprozessordnung. Kommentar, 3. Aufl., München 2009, § 811, Rn. 11.

[257] Das Sozialstaatsprinzip gebietet, dass gemäß § 4 Abs. 1 Rundfunkbeitragsstaatsvertrag bestimmte finanziell benachteiligte Bevölkerungsteile (Sozialhilfeempfänger, Auszubildende, Studenten, Pflegebedürftige usw.) vom Rundfunkbeitrag ausgenommen sind.

[258] Vgl. *Herrmann* 1975, 297f; *Niepalla* 1990, 34f.

dass die Rezipienten überhaupt noch auf die älteren Formen und Inhalte zurückgriffen.[259] Um dies zu verhindern gewährt Art. 5 Abs. 1 S. 2 GG folgende Garantien des öffentlich-rechtlichen Rundfunks.

a) Bestandsgarantie

Für die zu erfüllenden Aufgaben der Rundfunkanstalten bedarf es verschiedener Ressourcen. Um dem Rundfunkauftrag gerecht zu werden, besitzen die Anstalten einen Anspruch auf eine ausreichende „technische, organisatorische, personelle und finanzielle“ Ausstattung.[260] Solange der Gesetzgeber sich nicht für eine rein privatrechtliche Rundfunkordnung, die den Anforderungen des Art. 5 Abs. 1 S. 2 GG entspricht, entscheidet, ist die Gewährleistung des Funktionsauftrages durch die öffentlich-rechtlichen Rundfunkanstalten in ihrem Bestand garantiert.[261] Es wäre demnach ein Verstoß gegen Art. 5 Abs. 1 S. 2 GG, würden die Länder beginnen, die Rundfunkanstalten aufzulösen.

b) Finanzierungsgarantie

Der Gesetzgeber muss eine hinreichende Finanzierung der Rundfunkanstalten sicherstellen, die geeignet ist, das geforderte vielfältige Vollprogramm zu ermöglichen. Würde er dies nicht tun, könnte er auf indirektem Wege doch über die inhaltliche Seite des Rundfunkprogramms entscheiden, da er durch die Finanzierung erheblichen Einfluss auf die Programmgestaltung bekäme. Dies ist aber unzulässig.[262] Die Finanzierung muss also nach „Art und Umfang“ dem klassischen Rundfunkauftrag entsprechen.[263] Eine *ausschließliche* Finanzierung der Rundfunkanstalten durch Werbeeinnahmen kann dies nicht erfüllen, weil sie eben jener Grund für die „vielfaltverengenden Zwänge“ des privaten Rundfunks ist.[264] Im Ergebnis hat sich

---

[259] Vgl. *Krausnick* 2005, 48.
[260] BVerfGE 74, 297, 324; BVerfGE 73, 118, 158.
[261] BVerfGE 83, 238, 299; BVerfGE 74, 297, 324f.
[262] BVerfGE 74, 297, 342.
[263] BVerfGE 87, 191, 198.
[264] BVerfGE 87, 191, 199.

auch die Finanzierung der Rundfunkanstalten nach deren Funktionsauftrag zu richten.[265]

c) Entwicklungsgarantie

Von größtem Interesse im Zusammenhang mit der Frage nach der Zulässigkeit von Online-Angeboten des öffentlich-rechtlichen Rundfunks, der dieser Band nachgeht, ist jedoch die sogenannte Entwicklungsgarantie der Rundfunkanstalten. Letztlich bildet sie die Verbindung von der verfassungsrechtlichen Ausgestaltung des öffentlich-rechtlichen Rundfunks und der fraglichen Legitimation dieser Internettätigkeiten. Die aus dem Urteil des Jahres 1991 hervorgegangene Entwicklungsgarantie besteht aus zwei Bereichen, einem technischen und einem inhaltlichen Element. Zunächst hält das Bundesverfassungsgericht zur Entwicklungsoffenheit der Rundfunkanstalten fest, dass eine bloße Garantie des Zustandes des Rundfunks zum Jahr 1991 nicht ausreichen könne, um auch für die folgenden Jahre den Rundfunkauftrag erfüllen zu können.[266] Vor dem Hintergrund des Übergangs von terrestrischer Übertragung der Rundfunkwellen zu einer Übermittlung durch die Satellitentechnik konstatierte das Gericht einen Wandel, den die Rundfunkanstalten nicht ignorieren könnten. Insofern sei eine Garantie die allein die Nutzung der bisherigen technischen Übertragungswege umfasse, nicht ausreichend.[267] Konsequenterweise zog das Gericht die Schlussfolgerung, dass, im Falle einer kompletten Verdrängung der terrestrischen Übertragungstechnik durch die Satellitenübertragung, die ausschließliche Nutzung der neuen Technologien mit dem klassischen Rundfunkauftrag im Einklang steht. Die Entwicklungsgarantie des öffentlich-rechtlichen Rundfunks umfasst jedoch nicht nur diese technische Offenheit, sondern auch inhaltliche Spielräume. Auch die öffentlich-rechtlichen Programmangebote sind nicht an bekannte Sendeformate gebunden, da das Programm der Rundfunkanstalten „für neue Publikumsinteressen oder neue Formen und Inhalte offen bleiben" muss.[268] Der Rundfunk müsse „dynamisch" verstanden werden und kann daher allein an seine

[265] Zu den Vorgaben für die Gebührenerhebung siehe BVerfGE 90, 60, 91ff. Die Finanzierung der öffentlich-rechtlichen Rundfunkanstalten ist begleitet von viel Kritik und Streitigkeiten über die Höhe und die Art der Erhebung. Da sie aber nicht Gegenstand dieser Arbeit ist, sei auf *Axel Schneider*, Warum der Rundfunkbeitrag keine Haushaltsabgabe ist – und andere Fragen zum Rundfunkbeitragsstaatsvertrag, NVwZ 2013, 19-23 sowie auf *Thomas Exner/Dennis Seifarth*, Der neue „Rundfunkbeitrag" – eine verfassungswidrige Reform, NVwZ 2013, 1569-1575 verwiesen.

[266] BVerfGE 83, 238, 299.

[267] BVerfGE 83, 238, 299.

[268] BVerfGE 83, 238, 299.

„Funktion“ gebunden werden. Dies betreffe auch alle noch kommenden Formen des Rundfunks, die das Gericht pauschal als „neue Dienste“ bezeichnete. Damit, so fasst das Bundesverfassungsgericht zusammen, ergeben sich Reichweite und Grenzen des Rundfunkauftrags aus seiner *Funktion* für die freie Meinungsbildung heraus.[269] Der verfassungsrechtliche Rundfunkbegriff, der geschützte „Sozialbereich“ von Art. 5 Abs. 1 S. 2 GG, darf demnach nicht auf einen bestimmten Stand der Technik und nicht auf bekannte inhaltliche Formate festgeschrieben werden. „Andernfalls könnte sich die grundrechtliche Gewährleistung nicht auf jene Bereiche erstrecken, in denen gleichfalls die Funktion des Rundfunks, wenn auch mit anderen Mitteln, erfüllt würde. Zur Gewährleistung freier individueller und öffentlicher Meinungsbildung bedarf es deshalb der Schutzwirkungen des Art. 5 Abs. 1 S. 2 GG auch bei den neuen Diensten“.[270]

In seinem Urteil aus dem Jahr 1991 vermochte es das Gericht noch nicht, wesentliche Bedeutung der neuen Dienste für die Meinungsbildung zu erkennen. In aller Deutlichkeit betone es aber, dass anhand des „beschleunigten medientechnischen Fortschritts“ nicht auszuschließen sei, dass diese neuen Dienste „künftig Funktionen des herkömmlichen Rundfunks übernehmen werden.“[271] Für den Fall, dass diese Situation eintritt, müsse sich der öffentlich-rechtliche Rundfunk anpassen können. Das ist von der Entwicklungsfreiheit umfasst. Durch diese Judikatur wird den Rundfunkanstalten ein Programmangebot ermöglicht, dass sich grundsätzlich an neue Entwicklungen anpassen kann. Mit dem Begriff der neuen Dienste versuchte das Bundesverfassungsgericht zu umschreiben, was im Jahr 1991 technisch nur rudimentär vorhanden war. Trotzdem erkannte das Gericht, dass es zukünftig neue technische Kommunikationsformen geben könne, die zwar abweichend von der klassischen Rundfunkform daherkommen, aber trotzdem die Schutzwirkungen von Art. 5 Abs. 1 S. 2 GG bedürfen.[272] Es ist anerkannt, dass die neuen Dienste insbesondere Erscheinungsformen wie PayTV, Videotext, Internetfernsehen, Abrufdienste oder Video on Demand umfassen.[273]

Die Fortentwicklung des öffentlich-rechtlichen Programmangebots hinsichtlich der neuen Dienste steht aber, und dies sei betont, *unter dem Vorbehalt*, dass es der klassische Rundfunkauftrag gebietet.[274] Nur für die Bereiche, in denen der Rund-

---

269 BVerfGE 83, 238, 299.
270 BVerfGE 83, 238, 302.
271 BVerfGE 83, 238, 302f.
272 Vgl. *Max Wellenreuther*, Presseähnliche Telemedien öffentlich-rechtlicher Rundfunkanstalten, Berlin 2011, 70.
273 Vgl. *Schulze-Fielitz*, in: *Dreier*, Art. 5 I, II, Rn. 100. Dazu ausführlich weiter unten.
274 Vgl. *Ralf Müller-Terpitz*, Öffentlich-rechtlicher Rundfunk und Neue Medien, AfP 2008, 335-341, 339.

funk seine Funktion erfüllen muss, dürfen sich die Anstalten mit neuen Inhalten anpassen. Durch diese Rechtsprechung ist in der Tat keine Legitimierung von Onlineangeboten der öffentlich-rechtlichen Rundfunkanstalten von vornherein gegeben. Die sich nun aufdrängende Frage ist, ob für öffentlich-rechtliche Rundfunkangebote im Internet eine Legitimation ersichtlich ist. Anders ausgedrückt ist zu fragen, ob für die Kommunikation im Internet Zustände festgestellt werden können, die vielfaltssichernde Angebote durch die Rundfunkanstalten notwendig machen.

7. Zwischenergebnis

Eingangs wurde als erste Fragestellung aufgeworfen, was der klassische Rundfunkauftrag sei. Mit dem allgemeinen Teil dieser Untersuchung konnte gezeigt werden, dass der Rundfunk im bundesdeutschen Verfassungsrecht eine umfangreiche Grundrechtsdogmatik besitzt. Neben subjektiv-abwehrrechtlichen Grundrechtsgehalten fordert Art. 5 Abs. 1 S. 2 GG auch eine positive Rundfunkordnung, die vom Gesetzgeber auszugestalten ist. Privater Rundfunk ist grundsätzlich und unter Genehmigungsvorbehalt zulässig. Doch lässt das Bundesverfassungsgericht, das für die Rundfunkdogmatik maßgeblicher Urheber ist, Privatrundfunk nur zu, solange ein öffentlich-rechtlich organisierter Rundfunk der Garant für ein vielfältiges, meinungspluralistisches Programm ist. Die Rundfunkfreiheit dient nicht der Persönlichkeitsentwicklung des Rundfunkveranstalters, sondern der freien Informierung und Meinungsbildung der Bevölkerung. Darin äußert sich der Rundfunkauftrag. Diese objektive Vorstellung des Grundrechtes auf Rundfunkfreiheit wurde vielfacher Kritik unterzogen.[275] Doch dürfte letztlich einiges dafür sprechen, dass jene Vertreter der ausschließlich subjektiv-rechtlichen Grundrechtskomponente der Rundfunkfreiheit übersehen, dass Rundfunk keine bloße Ausübung einer freiheitlichen Tätigkeit des Einzelnen ist. Die Rundfunkkommunikation ist aufgrund ihrer Logik eine Massenkommunikation, da der Rundfunk gerade darauf angelegt ist, eine unbestimmte Menge an Personen zu erreichen. Es würde zu kurz greifen, allein die Freiheitsinteressen der Veranstalter schützen zu wollen. Die Rolle, die der Rundfunk für die heutige Gesellschaft spielt, kann wohl kaum unterschätzt werden. Dass der Rundfunk damit auch eine Verantwortung trägt und einer freiheitlichen Informierung der Bevölkerung „dienen“ muss, lässt sich daher an dieser Stelle vertreten.

[275] Siehe oben Kapitel A. III. 2. b).

Damit ist aber noch keinerlei Aussage darüber getroffen, ob die „dienende“ Rundfunkfreiheit auch für den Bereich des Internets gilt. Die Klärung dieser Frage widmet sich der besondere Teil dieses Bandes.

B. Besonderer Teil – Öffentlich-rechtlicher Rundfunkauftrag im Internet?

I. Übertragbarkeit des Rundfunkbegriffs auf das Internet

Der allgemeine Teil der vorliegenden Untersuchung hatte zum Ziel, die Rundfunkdogmatik im deutschen Verfassungsrecht herauszuarbeiten und soweit aufzubereiten, um sie nun im besonderen Teil auf den Bereich der Internetaktivitäten der öffentlich-rechtlichen Rundfunkanstalten anzuwenden.

Wenn nun der verfassungsrechtliche Rundfunkbegriff von den drei Elementen der Allgemeinheit, Darbietung und Verbreitung geprägt ist, so muss zunächst geprüft werden, ob die Internetkommunikation sowie die hier in Frage stehenden Onlineaktivitäten der öffentlich-rechtlichen Rundfunkanstalten diesen Merkmalen entsprechen, um sie *überhaupt* als Rundfunk zu klassifizieren. Sollte diese Einordnung zutreffen, ergäbe sich weiter die Frage, ob daraus auch eine Legitimierung für einen *öffentlich-rechtlichen* Rundfunk abgeleitet werden kann.

1. Medienkonvergenz als Ausgangslage

Bereits in der Einleitung wurde auf das grundlegende Problem hingewiesen, das die juristische Dogmatik des Art. 5 Abs. 1 GG mit ihrer Untergliederung in Meinungs-, Presse- und Rundfunkfreiheit vor Herausforderungen stellt. Die Konvergenz der Medien scheint ein Verschmelzen der Inhalte und der technischen Gerätefunktionen hervorzurufen, das auch die Grenzen zwischen den Informationsgrundrechten verwischen lässt. Die technischen Entwicklungen rufen eine Austauschbarkeit der Übertragungswege hervor.[276] Fernsehen und Radio können neben der klassischen Kabel- bzw. UKW-Übertragung mittlerweile auch umfassend digital empfangen werden.[277] Das führt dazu, dass die Übertragungswege beliebiger eingesetzt und genutzt werden können (*Konvergenz der Übertragungswege*).

Gleiches gilt auch für die Verschmelzung der Funktionen der technischen Endgeräte. Indem Fernsehgeräte, Smartphones und die verschiedenartigen Ausprägungen des personal computer (Laptop, Heimrechner oder Tablet) nicht mehr nur befähigt sind, Informationsinhalte zu empfangen, sondern auch zu senden, tritt eine *Konvergenz der Endgeräte* zu Tage. Diese technischen Möglichkeiten erlauben es nicht nur, dass Endgeräte gleichzeitig auch zu Sendegeräten werden, also der Ursprung eines Kommunikationsprozesses sind. Darüber hinaus werden die Geräte

---

[276] Vgl. *Schoch*, JZ 2002, 799.

[277] Vgl. *Jörg Becker*, Die Digitalisierung von Medien und Kultur, Wiesbaden 2013, 131ff.

auch befähigt, alle Formen von Informationsvorgängen zu bearbeiten. Sie können Text, Ton, Bild und Video empfangen und versenden, weshalb die Geräte multifunktional, bzw. „integriert“ werden.[278] Damit einher geht die teilweise Entkoppelung der Mediennutzung vom jeweiligen technischen Gerät. Hierbei sei auf das in der Einleitung angesprochene Beispiel des internetfähigen TV-Gerätes verwiesen – ruft man damit den Livestream des ZDF ab, ist dies gleichzeitig Fernsehen und Internetnutzung. Die Bezeichnung des Gerätes als Fernseher wird dadurch unpräzise.

Dass diese technischen Entwicklungen existieren und dass die Mediengeräte sowie auch die Mediennutzung sich verändern, wird niemand ernsthaft bestreiten können. In der Literatur wird aber teilweise vertreten, dass aus der Konvergenz der Medien auch ein konvergentes Mediennutzungsverhalten der Rezipienten folgt.[279] Besonders im Internet sei die bisherige Unterscheidung von Individual- und Massenkommunikation nicht mehr anwendbar.[280] Die Trennung zwischen Sender und Empfänger von Kommunikationsvorgängen werde nicht mehr klar bestimmbar.[281] Schließlich wird hieraus die Schlussfolgerung gezogen, dass die verschiedenen Kommunikationsgrundrechte des Art. 5 Abs. 1 GG nicht mehr passgenau auf die veränderte Kommunikation im Internet angewandt werden könnten.[282] Auf die Konvergenz der Medien solle gar eine „Konvergenz des Rechts“ folgen.[283] Es ist zwar richtig, dass mit der Gleichzeitigkeit der Kommunikation im Internet auch unterschiedliche und verschwimmende Verhaltensweisen der Mediennutzung eintreten. Beispielsweise ist es möglich auf Internetseiten wie „Zeit-Online“, „ard.de“ oder „youtube.com“ Texte bzw. Videos abzurufen und gleichzeitig in die Kommentarfunktion auf derselben Seite eine Meinungsäußerung in Textform einzutragen. Und ebenso ist es möglich, das Smartphone gleichzeitig zum Abruf von Radiosendungen zu nutzen und währenddessen Informationen in Text- und Bildform vom Internetauftritt dieses Radiosenders zu empfangen. Dass hierbei die unterschiedli-

---

278 Vgl. *Wolfgang Schweiger*, Theorien der Mediennutzung, Wiesbaden 2007, 343.

279 Vgl. *Schoch* 2002, 800.

280 Vgl. *Schoch* 1997, 170; *Udo Di Fabio*, Rechtliche Rahmenbedingungen neuer Informations- und Kommunikationstechnologien, in: *Martin Schulte* (Hrsg.), Technische Innovation und Recht, Heidelberg 1997, 117-135, 128f; *Wolfgang Schulz/Wolfgang Seufert/Bernd Holznagel*, Digitales Fernsehen. Regulierungskonzepte und -perspektiven, Opladen 1999, 52f; *Christoph Degenhart*, Verfassungsfragen der Internetkommunikation, CR 2011, 231-237, 232; *Hain* K&R 2012, 103.

281 Vgl. *Martin Bullinger*, Multimediale Kommunikation in Wirtschaft und Gesellschaft, ZUM 1996, 749-756, 750f; *Grote* KritV 1999, 31; *Degenhart* 2006, Art. 5 Abs. 1 und 2, Rn. 289.

282 Vgl. *Ansgar Koreng*, Zensur im Internet, Baden-Baden 2010, 96ff; *Degenhart* 2011, 232; *Christoph Degenhart*, Medienkonvergenz zwischen Rundfunk- und Pressefreiheit, in: Der grundrechtsgeprägte Verfassungsstaat, FS für Klaus Stern, hg. v. *Michael Sachs/Helmut Siekmann*, Berlin 2012, 1299-1315.

283 *Schoch* 2002, 800.

chen Schutzbereiche von Presse-, Rundfunk-, Meinungs- und Informationsfreiheit berührt sein können, steht außer Frage. Doch diese Vorgänge unter dem pauschalen Begriff der „Konvergenz“ zu stellen, scheint doch allzu oberflächlich und undifferenziert.

Denn es ist schlichtweg unbegründet, wenn man vom bloßen Anstieg der Internetnutzung auf eine „Konvergenz der Mediennutzung“ schließt, die eine Trennung der einzelnen Vorgänge unmöglich mache.[284] Die Internetkommunikation ist „zu unterschiedlich, um unterschiedslos unter die »dienende« Rundfunkfreiheit“ oder eine andere der Kommunikationsfreiheiten gefasst zu werden.[285] Warum sollten das Abrufen einer Tatort-Sendung[286], also einem Video-on-Demand Vorgang, und das Schreiben eines kurzen Kommentares in die Kommentierungsfunktion unterhalb des Video-Fensters der Internetseite denselben Kommunikationsvorgang darstellen? Unabhängig davon, ob das gesendete Video Rundfunk und der Kommentar Meinungsäußerung oder Presse im verfassungsrechtlichen Sinne bedeutet[287], lassen sich doch beide Vorgänge deutlich voneinander trennen. Auch wenn die Texteingabe des Kommentares auf das zuvor gesehene Video bezogen ist, findet in dem Senden/Abrufen des Videos ein erster und mit dem Eingeben des Kommentares ein zweiter Kommunikationsvorgang statt. Diese lassen sich je nach Ausprägung der Kommunikation verfassungsrechtlich einordnen. Dass die Internetnutzung vielfältig ist und verschiedene Medienformen einschließt, kann nicht bestritten werden. Doch man kann daraus nicht schließen, dass es eine einheitliche „Internetkommunikation“ gibt. Vielmehr finden im Internet permanent eine Vielzahl unterschiedlicher Kommunikationsvorgänge statt.

Mit dem Begriff der Konvergenz ist also behutsam umzugehen. Die Grundrechte des Art. 5 Abs. 1 GG durch ein einheitliches „Informationsgrundrecht“ zu ersetzen, kann kein ernst gemeinter Vorschlag sein. Kommunikationsprozesse lassen sich auch im Internet unterscheiden und es braucht auch eine solche differenzierte Betrachtung, da beispielsweise ein Beitrag in einem Chat und das Verbreiten eines Videos unterschiedliche Auswirkungen haben können.

---

[284] So aber ohne weitere Begründung *Stefan Mückl*, Die Konvergenz der Medien im Lichte des neuen Telemediengesetzes, JZ 2007, 1077-1084, 1078.

[285] Vgl. *Degenhart* 2012, 1309, der hier zwar betont die Rundfunkfreiheit als nicht einschlägig einstufen will, aber mit der Aussage der Notwenigkeit einer differenzierten Einordnung der Internetkommunikation vollkommen recht hat.

[286] *ARD Tatort*: »http://www.daserste.de/unterhaltung/krimi/tatort/videos/index.html« (Stand 31.10.2015).

[287] Das wird in Kapitel B. I. 3. geklärt.

2. Online-Aktivitäten der öffentlich-rechtlichen Rundfunkanstalten

Wie sind die öffentlich-rechtlichen Rundfunkanstalten im Internet aktiv? Das Onlineangebot der Rundfunkanstalten ist seit den Anfängen in den 1990er Jahren deutlich gestiegen.[288] Mittlerweile besitzen alle Rundfunkanstalten eigene Internetseiten, die sowohl das aktuelle Programm als Livestream senden, als auch darüber hinausgehende Angebote bereitstellen.[289] Das vorzufindende Angebot in den Internetauftritten der Rundfunkanstalten hat eine beträchtliche Fülle. Es lassen sich daraus Kategorien bilden, die jene verschiedenen Onlineformate, die sich auf allen Onlineportalen finden lassen, einordnen.

a) Livestream

Dem klassischen per Satellit oder Kabel übertragenen Rundfunk am ähnlichsten ist das Onlineangebot von Livestreams. Ein Livestream ist das zeitaktuelle, digital gesendete Programm entlang eines Programmplanes. Die Livestreams auf den Internetseiten der öffentlich-rechtlichen Rundfunkanstalten[290] entsprechen exakt dem Rundfunkprogramm, wie es von den Anstalten über Fernseher oder Radio empfangbar ist. Bei Livestreams handelt es sich daher um digitale Video- und Audiosendungen, übertragen über das Internetprotokoll.[291] Der Nutzer kann eigenständig das gesendete Programm ein- und ausschalten, darüber hinaus aber hat er keine Auswahl, da der Livestream an den Programmsendeplan gebunden ist. Damit ist der Livestream weitgehend das digitale Pendant zum Fernseh- und Radiopro-

---

288 Vgl. *Witt* 2007, 40.
289 Für die *ARD*: »ard.de«;
ZDF: »zdf.de«;
Deutschlandfunk: »deutschlandfunk.de«;
3Sat: »3sat.de«;
Arte: »arte.tv/de«;
Bayerischer Rundfunk: »be.de«;
Rundfunk Berlin-Brandenburg: »rbb-online.de«;
Mitteldeutscher Rundfunk: »mdr.de«;
Norddeutscher Rundfunk: »ndr.de«;
Westdeutscher Rundfunk: »wdr.de«;
Hessischer Rundfunk: »hr-online.de«;
Südwestrundfunk: »swr.de« (Stand: 31.10.2015).
290 Beispielsweise der *ZDF-Livestream*:
»http://www.zdf.de/ZDFmediathek/hauptnavigation/live«, oder der Livestream des Radiosenders *MDR Eins Radio Thüringen*:
»http://www.mdr.de/mdr1-radio-thueringen/livestreams108.html« (Stand 31.10.2015).
291 Vgl. *Held* 2008, 29.

gramm, das nunmehr über konvergente Endgeräte mit Internetanschluss empfangen werden kann.

b) Mediathek

Die Mediathek ist ein Archiv auf einer Onlineplattform, in der einzelne Beiträge in Form von Video- oder Audiodateien abgerufen werden und durch die in den Webbrowser eingebauten Plug-Ins ohne Zwischenschritt angesehen bzw. angehört werden können. Der Unterschied zum Livestream liegt hier eindeutig im Fehlen einer Sendefolge, da die Beiträge zum Abruf auf die Internetseiten hochgeladen werden. Zudem ist es der Rezipient, der die Entscheidung darüber trifft, welche Inhalte er sehen und hören möchte. Er hat deshalb im Vergleich mit der Nutzung des Livestreams, bei dem er nur entscheiden kann, welchen Rundfunksender er sehen/hören möchte, einen weit größeren Einfluss. Die von den Rundfunkanstalten eingestellten Inhalte in den Mediatheken reichen von Nachrichtensendungen der letzten Tage[292] über einzelne Beiträge aus Rundfunksendungen[293] bis zu fortlaufenden Serien[294] und ganzen Filmen[295].

c) Textmedien

Auch verschiedene Varianten von Textformen und Textmedien werden durch die öffentlich-rechtlichen Rundfunkaktivitäten im Internet angeboten. Sie entsprechen damit dem klassischen geschriebenen Wort in digitaler Ausgabe. Die verfügbaren Texte können reine Bildunterschriften und Anmerkungen zu Video- oder Hörbeiträgen, beispielsweise aus den Mediatheken sein.[296] Es gibt hingegen auch Angebote der Rundfunkanstalten, deren Verhältnis von Text zu anderen Medienformen

---

[292] Vgl. *Tagesschau*: »http://www.tagesschau.de/multimedia/sendung/ts-8785.html«; *Heute-Nachrichten*: »http://www.heute.de/«; *SWR Landesschau aktuell Baden-Württemberg*: »http://www.swr.de/landesschau-aktuell/bw/landesschau-aktuell-bw-sendung-21/-/id=1622/did=15703624/nid=13830988/8uksw4/index.html« (Stand 31.10.2015).

[293] Einzelne Videobeiträge der *ZDF „Heute Show“*: »http://www.heute-show.de/ZDF/themen/index.php?tags=Videos« (Stand 31.10.2015).

[294] Die Sendung *„Kulturzeit“* des Senders 3Sat: »http://www.3sat.de/mediathek/?mode=play&red=kulturzeit« (Stand 31.10.2015).

[295] Der *Mittwochsfilm* in der *ARD*: »http://www.daserste.de/unterhaltung/film/filmmittwoch-im-ersten/archiv/index.html« (Stand 31.10.2015).

[296] Ein Beispiel ist die Übersicht der aktuellen Nachrichten auf der Seite des WDR, deren einzelne Beiträge durch eine ca. dreizeilige Anmerkung unter dem Titel des Beitrags ergänzt werden: »http://www1.wdr.de/themen/aktuell/index.html« (Stand 31.10.2015).

eindeutig als textlastig bezeichnet werden kann. Zu nennen sind hierbei Onlineangebote, die von im Internet verfügbaren Presseangeboten oder Onlinezeitungen kaum zu unterscheiden sind.[297] Die Ähnlichkeit mit der Aufmachung von Internetseiten privater Presseunternehmen ist offensichtlich. Ein Grund hierfür liegt darin, dass Beiträge aus Nachrichtensendungen teilweise verschriftlicht werden und in Textform auf der Internetseite dargestellt sind.

d) Newsletter

Ein Newsletter ist eine elektronische, periodisch versendete Runduminformation für eine Vielzahl von Empfängern, die zumeist per E-Mail überbracht wird. Der Newsletter enthält aktuelle Informationen über einen Gegenstandsbereich, der dem Versender zugerechnet werden kann. Die Empfänger von Newslettern sind Interessenten dieses Themas, die diese periodische E-Mail freiwillig erhalten. Für den Empfang eines Newsletters muss der Rezipient sich bewusst anmelden und in die Verteilerlisten aufnehmen lassen. Die Rundfunkanstalten bieten ein buntes Portfolio an Newslettern an, da sie nicht nur aktuelle Informationen über das Gesamtprogramm des Rundfunksenders anbieten, sondern zusätzlich auch Newsletter für einzelne fortlaufende Serien, die eine größere Zuschauerzahl erreichen, informieren.[298]

---

[297] Die Nachrichtensparte der Internetseite des *Deutschlandfunks*: »http://www.deutschlandfunk.de/die-nachrichten.353.de.html« besitzt nahezu das identische Layout wie die Internetseite des Presseunternehmens *ZEIT ONLINE*: »http://www.zeit.de/index« (Stand 31.10.2015).

[298] *Deutschlandradio*: »http://srv.deutschlandradio.de/newsletter-uebersicht.516.de.html«;
ZDF: »http://www.zdf.de/zuschauerservice-8075318.html«;
ZDFneo: »http://www.zdf.de/neoservice/zdfneo-newsletter-bestellen-5292254.html«;
ARD Börse: »http://kurse.boerse.ard.de/ard/newsletter.htn«;
MDR: »http://www.mdr.de/newsletter/index.html«;
NDR Mein Nachmittag:
»https://www.ndr.de/fernsehen/sendungen/mein_nachmittag/newsletter/«;
NDR Kultur: »http://www.ndr.de/ndrkultur/service/newsletter/«;
für insgesamt 22 Sendungen bietet der *WDR* Newsletter an:
»http://www1.wdr.de/themen/hilfe/newsletter100.html«;
BR: »http://www.br.de/service/abo-downloads/newsletter/newsletter112.html«;
RBB Heimatjournal: »https://www.rbb-online.de/heimatjournal/newsletter/«;
SWR1 Leute: »http://www.swr.de/swr1/bw/programm/leute-newsletter/-/id=446250/cf=42/did=6637240/nid=446250/c8iedd/index.html« (Stand 31.10.2015).

e) Online-Shop

Nahezu alle Rundfunkanstalten bieten eigene „Shops" im Onlinebereich an.[299] Diese mit Produktübersichten und Kaufangeboten gefüllten Internetseiten sind ohne Ausnahme eigenständige Internetseiten, die von den Hauptportalen wie »zdf.de« oder »ard.de« losgelöst sind. Die zum Verkauf feilgebotenen Angebote haben zumeist einen Bezug zu eigenen Marken und Sendungsprodukten der Rundfunksender[300], sind die eigens produzierten Sendungen auf DVD[301] oder haben einen regionalen Bezug zum jeweiligen Sendegebiet der Rundfunkanstalt.[302] Die Produktpalette der Onlineshops beinhaltet hauptsächlich kleinere Werbegegenstände wie Tassen, Spielkarten oder Schlüsselanhänger, die mit dem jeweiligen Logo des Senders versehen sind. Überdies werden eigene Programminhalte auf DVD oder in Buchausgabe verkauft. Nur vereinzelt finden sich preisintensivere Produkte wie ein Bild mit Holzmaserung des NDR für 89€[303], eine 90 cm große Puppe der Sendung mit

---

[299] *WDR*: »http://www.wdrshop.de/«;
RBB: »http://www.rbb-online-shop.de/«;
SWR: »https://www.swr-shop.de/«;
BR: »https://www.br-shop.de/«;
MDR: »http://www.mdr-shop.de/«;
NDR: »https://www.ndrshop.de/«;
ARD: »https://www.ardvideo-shop.de/«;
ZDF: »https://www.zdf-shop.de/« (Stand 31.10.2015).

[300] Etwa die Plüschpuppen zur Kindersendung „Der Sandmann" des *MDR*: »http://www.mdr-shop.de/kinderwelt-1/puppen-plusch.html«; Tassen zur Sendung „Rote Rosen" des *NDR*: »https://www.ndrshop.de/rote-rosen/Rote-Rosen-Tasse.html«, oder das Brettspiel zur Serie „Tatort" im *WDR*: »http://www.wdrshop.de/products/Spielwaren/Spiele-Spielsachen/Tatort-Das-Spiel.html« (Stand 31.10.2015).

[301] *SWR*: Die Kirche bleibt im Dorf, Staffel 2 auf DVD, »https://www.swr-shop.de/fernsehen/die-kirche-bleibt-im-dorf/die-kirche-bleibt-im-dorf-staffel-2«;
ZDF: Unsere Mütter, unsere Väter, »https://www.zdf-shop.de/produkte/dvd/preisgekroente-filme/weitere-sendungen-unsere-muetter-unsere-vaeter-dvd-tv-kriegsdrama.html«;
NDR: Der Tatortreiniger, Staffel 1-4, »https://www.ndrshop.de/dvd/der-tatortreiniger/« (Stand 31.10.2015).

[302] Bspw. im *RBB-Shop*: Heimatfilm „Ein Sommer in Brandenburg", »http://www.rbb-online-shop.de/produkt/dvd/dvd-ein-sommer-in-brandenburg-rbb.html« (Stand 31.10.2015).

[303] *NDR*: »https://www.ndrshop.de/deko-geschenke/Neues-aus-Buettenwarder-Holzbild-Das-Gruppenportrait.html« (Stand 31.10.2015).

der Maus im Wert von 349€[304] oder ein Digitalradio im Wert von 159€ ohne jeglichen erkennbaren Bezug zum Bayerischen Rundfunk.[305]

f) Sonstige

Neben diesen bisher dargestellten Onlineangeboten der Rundfunkanstalten, die sich fast in allen Internetauftritten der Rundfunksender in vergleichbarer Weise wiederfinden, gibt es vereinzelte Internetaktivitäten, die sich nicht in eine größere Kategorie eingliedern lassen. Der WDR betreibt beispielsweise ein Freundschafts- und Flirtportal namens „Freundeskreis", bei dem sich der Internetnutzer ein eigenes Profil anlegt und andere Benutzer kennenlernen und anschreiben kann.[306] SWR und BR bieten jeweils die Möglichkeit, Titelmelodien von bestimmten Sendungen ihres Programmes als *Klingeltöne* für Mobiltelefone als kostenlosen Download herunterzuladen.[307] Auch die für Smartphones konzipierte Anwendung „Tagesschau-App" als eine mobile Version des Angebotes von »www.tagesschau.de« kann nicht ohne weiteres einer Kategorie zugeordnet werden. Die App verbindet, vergleichbar mit den Hauptportalen von Deutschlandfunk, ZDF oder der Tagesschau, unterschiedliche Medienformen zu einem Gesamtangebot. Dieses Gesamtangebot ist sowohl von Bildern und auswählbaren Videosequenzen, sowie dem Livestream von tagesschau24 und der zurückliegenden kompletten Tagesschausendung bestimmt. Gleichwohl stellt die Tagesschau-App aber umfangreiche Textbeiträge, die einer Onlinezeitung nicht unähnlich sind, zum Abruf bereit.

In der Gesamtschau zeigt sich damit deutlich, dass die Onlineaktivitäten der öffentlich-rechtlichen Rundfunksender vielschichtig sind und mittlerweile, nach beinahe 20 Jahren Onlinepräsenz[308], einen bedeutenden Anteil der Tätigkeiten der Rundfunkanstalten ausmachen. Wie diese verschiedenen Onlineangebote verfassungsrechtlich zu bewerten sind, kann nicht mit einer generellen Antwort gesagt werden. Vielmehr muss nach den nun im Anschluss herauszuarbeitenden mögli-

---

304 *WDR*: »http://www.wdrshop.de/products/Spielwaren/Plueschtiere/MAXI-Pluesch-Maus-90-cm.html« (Stand 31.10.2015).

305 *BR*: »https://www.br-shop.de/boutique/digitalradio-grundig-tr-2500-dab.html« (Stand 31.10.2015).

306 *WDR 1Live*: »https://freundeskreis.einslive.de/web/freundeskreis/start«(Stand 31.10.2015).

307 *BR*: »http://www.br.de/fernsehen/bayerisches-fernsehen/sendungen/unter-unserem-himmel/unter-unserem-himmel-klingeltoene-vorspann100.html«; *SWR*: »http://www.swr3.de/spass/downloads/-/id=47446/w14hs/« (Stand 31.10.2015).

308 Der Startpunkt kann auf das Jahr 1996, als die ARD das Internetportal »ard.de« in Betrieb nahm, festgelegt werden, vgl. *Witt* 2007, 41.

chen Legitimierungen eines öffentlich-rechtlichen Rundfunks im Internet jede Kategorie von Onlineangeboten für sich bewertet werden.

3. Internetkommunikation als Rundfunk? Abgrenzungsprobleme nach Art. 5 Abs. 1 GG

Da nun, wie hier vertreten wird, Internetkommunikation differenziert zu betrachten ist, soll im Folgenden besonders der Frage nachgegangen werden, ob und wann Internetkommunikation als Rundfunk im verfassungsrechtlichen Sinn eingestuft werden kann. Denn auch dann, wenn die Kommunikationsvorgänge im Internet ein generelles Massenphänomen sind, können sie nach Individualkommunikation oder Massenkommunikation unterteilt werden. Die entsprechenden Konsequenzen sind, dass entweder die „individuellen" Meinungs- und Informationsfreiheiten oder im anderen Fall die Presse- und Rundfunkfreiheit einschlägig sind.[309] Kann der Teil der Internetkommunikation, der den individuellen Meinungsaustausch darstellt, ausgeschlossen werden, muss geklärt werden, ob die Massenkommunikation im Internet der Presse- oder der Rundfunkfreiheit zuzuordnen ist.

a) Meinungsfreiheit

Ein Teil der Literatur will in der Internetkommunikation, auch jene durch die Rundfunkanstalten, hauptsächlich den Schutzbereich der Meinungsfreiheit des Art. 5 Abs. 1 S. 1 GG eröffnet sehen.[310] Die Kommunikationsprozesse im Internet dienen demnach „dem unmittelbaren Austausch in mehr oder weniger persönlichen Netzwerken".[311] Daher sei Internetkommunikation zwar einer massenweisen, aber trotzdem individuellen Kommunikation zuzuordnen, und die Zurechnung zur Rundfunkfreiheit nach Art. 5 Abs. 1 S. 2 GG verbiete sich.[312]

Soweit sich diese Ansicht auf die Nutzung von E-Mails oder persönlichen, d.h. nicht der Allgemeinheit zugänglichen Chat-Foren bezieht, ist sie zutreffend. Denn E-Mails und geschlossene Chats sind in der Tat eine Form persönlicher Kommunikation, die zwischen einem bestimmten Sender und einem bestimmten Empfänger zustande kommt. Nimmt man das Merkmal der *Allgemeinheit* des verfassungsrechtlichen Rundfunkbegriffs ernst, kann es hierauf nicht angewandt werden, da weder

---

309 Vgl. *Korte* AöR 2014, 388.

310 Vgl. *Degenhart* 2004, Art. 5 Abs. 1 und 2, Rn. 698; *Kube* 2006, § 91, Rn. 12f; *Ricker* NJW 1997, 3201; *Ricker/Schiwy* 1997, 77ff; *Ladeur* ZUM 2009, 909.

311 *Ladeur* ZUM 2009, 909.

312 Vgl. *Kube* 2006, § 91, Rn. 12ff.

E-Mails noch private Chat-Foren an eine unbestimmte Allgemeinheit gerichtet sind. Diese Kommunikation im Internet, wozu beispielsweise auch das Online-Banking zählt, ist in der Tat individuell, woraus folgt, dass allein die Meinungsfreiheit nach Art. 5 Abs. 1 S. 1 GG einschlägig ist.[313] Überdies sieht ein Teil der Literatur für Äußerungsformen wie E-Mails und Chateinträge die digitale Komponente des Rechts am eigenen Wort als Schutzbereich des allgemeinen Persönlichkeitsrechts aus Art. 2 Abs. 1 GG eröffnet.[314] Dabei handelt es sich jedoch um das Recht des Einzelnen, darüber zu bestimmen, ob und auf welche Weise der Inhalt seines geschriebenen Wortes der Öffentlichkeit oder einem Dritten zugänglich gemacht wird.[315] Der Schutzbereich des Art. 2 Abs. 1 GG trifft damit Aussagen über den Persönlichkeitsschutz des kommunikativen Inhalts, kann aber wenig über die einschlägige verfassungsrechtliche Kommunikationsart aussagen. Verbleibt man bei der dem Art. 5 GG zu entnehmenden Unterteilung von Individual- und Massenkommunikation, so lassen sich an einen bestimmten Kommunikationsempfänger versendete E-Mails sowie Chatbeiträge, die an zuvor bestimmte Chatpartner gesendet werden, oder die nur in Chatforen stattfinden, die besonderen und zuvor festgelegten Zugangshürden (Einladung durch einen Administrator) unterliegen und in denen keine „unbekannten“ und zahlenmäßig unbegrenzten Kommunikationsteilnehmer beteiligt sind, der Individualkommunikation zurechnen. Die Meinungsfreiheit des Art. 5 Abs. 1 S. 1 GG bietet hierfür den zutreffenden Schutzbereich.

b) Pressefreiheit

Nachdem nun der E-Mailverkehr, persönliche Chats und Online-Banking der Meinungsfreiheit zugeordnet sind, stellt sich die Frage, wie die übrigen Formen der Internetkommunikation verfassungsrechtlich einzuschätzen sind. Nach wie vor große Uneinigkeit besteht über die Frage, inwieweit die Pressefreiheit, die im Gegensatz zur Meinungsfreiheit eine Freiheit der Massenkommunikation[316] im Sinne einer allgemeinen Verbreitung an ein unbestimmtes Publikum ist, im Internet anwendbar sein kann. Die einschlägigen Internetangebote sind Onlineportale wie ZEIT ONLINE[317], Spiegel Online[318] oder der Internetauftritt der Süddeutschen Zeitung[319], die

---

313 Vgl. *Bethge* 2014, Art. 5, Rn. 90b.

314 Vgl. *Christian Hoffmann/Anika Luch/Sönke Schulz/Kim Corinna Borchers*, Die digitale Dimension der Grundrechte, Baden-Baden 2015, 45, 86f.

315 Vgl. *Hoffmann/Luch/Schulz/Borchers* 2015, 86.

316 Vgl. *Korte* AöR 2014, 389.

317 *Zeit Online*: »www.zeit.de/index« (Stand 31.10.2015).

318 *Spiegel Online*: »www.spiegel.de« (Stand 31.10.2015).

319 *Süddeutsche Zeitung*: »www.sueddeutsche.de«(Stand 31.10.2015).

eine Fortentwicklung der klassischen Verlags- und Zeitungshäuser im digitalen Bereich sind. Aber auch öffentlich-rechtliche Onlineangebote wie die Startseiten des Deutschlandfunks[320] oder der Tagesschau[321] sind von dieser Auseinandersetzung betroffen, da sie auffallend ähnliche Angebote verbreiten.

Während eine Meinung die Auffassung vertritt, dass die Presse in ihrem Kern das *gedruckte, stoffliche Presseerzeugnis*[322] ist, und daher eine elektronische Zeitung nicht von diesem Grundrechtsschutz umfasst sein könne[323], vertritt eine weitere Auffassung einen *offeneren* Pressebegriff.[324] Demnach müsse Presse viel mehr funktional verstanden werden. Die Funktion der Presse sei es, zum Lesen von Schriften und Inhalten anzuregen[325], die für einen unbestimmten Adressatenkreis zugänglich gemacht werden. Durch die Digitalisierung sei das Merkmal der Körperlichkeit obsolet geworden und man solle es zugunsten einer Verbreitung über elektronische Wege überwinden.[326] Zentral wird dabei der Begriff der „Presseähnlichkeit". Digitale Angebote seien dann „presseähnlich", wenn sie typische Artikel und Einzelbeiträge der gedruckten Presse ersetzen oder zumindest „an solche doch heranreichen."[327] Unerheblich sei demnach auch, ob gedruckte und digitale Presse im gleichen oder unterschiedlichen Layout erscheinen. Maßgeblich sei nur, dass Bild und Text die integralen Elemente der Presse bleiben.[328]

Das offene Verständnis des Pressebegriffs kann jedoch nicht überzeugen. Bereits das Bundesverfassungsgericht hat hervorgehoben, dass sich Presse und Rundfunk in ihren Funktionen *nicht* unterscheiden. Beide dienen einer freien und vielfältigen Meinungsbildung.[329] Presse und Rundfunk unterscheiden sich jedoch durch ihr jeweiliges „Mittel der Funktionserfüllung".[330] Demnach ist die Presse darauf „beschränkt [...] ihren Lesern ein Ereignis in Wort und Bild zu schildern", während der Rundfunk in der Lage ist, selbiges Ereignis zusätzlich durch Bewegtbild in

---

320 *Deutschlandfunk*: »www.deutschlandfunk.de« (Stand 31.10.2015).

321 *Tagesschau*: »www.tagesschau.de« (Stand 31.10.2015).

322 Dies sind klassischerweise Zeitungen, Zeitschriften, Bücher, Flugblätter, Plakate, vgl. BVerfGE 66, 116, 134.

323 Vgl. *Helge Sodan*, in: *Helge Sodan.* (Hrsg.), Grundgesetz, 2. Aufl., München 2011, Art. 5, Rn. 16, der ausschließlich auf gedruckte Erzeugnisse abstellt; ebenso *Starck* in: *v. Mangoldt/Klein/Starck*, GG, Bd. 1, München 2011, Art. 5 Abs. 1, 2, Rn. 59.

324 Vgl. *Schulze-Fielitz* 2013, Art. 5 I, II, Rn. 90; *Kube* 2006, § 91, Rn. 21.

325 Vgl. *Gersdorf* 2009, 106.

326 Vgl. *Christian Möllers*, Pressefreiheit im Internet, AfP 2008, 241-251, 244; *Christoph Fiedler*, Technologieneutrale Pressefreiheit, AfP 2011, 15-18.

327 *Christoph Fiedler*, Das Verbot der Tagesschau-App – Rechtsstaatliche Normalität als medienpolitischer Meilenstein, K&R 2012, 795-799, 797.

328 Vgl. *Fiedler* K&R 2012, 797.

329 BVerfGE 91, 125, 134.

330 BVerfGE 91, 125, 134.

Verbindung mit Ton „in voller Länge oder in Ausschnitten, zeitgleich oder zeitversetzt zu übertragen“[331].

Presse und Rundfunk gemäß Art. 5 Abs. 1 S. 2 GG sind beide Medien von Massenkommunikation, die von einem Sender an eine unbestimmte Menge von Rezipienten gerichtet ist. Folgte man der Ansicht, Presse rein funktional zu verstehen, würde man den Unterschied zum Rundfunk in der Tat aufheben und könnte dem Befund der Medienkonvergenz bedenkenlos soweit folgen, auch eine Konvergenz des Rechts zu fordern.[332] Denn die Folge einer rein funktional verstandenen Presse wäre, dass Online-Portale von privaten Verlagshäusern als Presse einzustufen sind, auch wenn ihnen ebenjene stoffliche Körperlichkeit der klassischen Presse fehlt.

Problematisch wird nun, dass dieselben Online-Angebote auch als Rundfunk im verfassungsrechtlichen Sinne eingestuft werden können. Die drei oben herausgearbeiteten Merkmale dieses Verfassungsbegriffes sind die Allgemeinheit, redaktionelle Aufbereitung und die elektromagnetische Übertragung. Online-Zeitungen werden, besonders wenn sie frei zugänglich sind, einer unbestimmten *Allgemeinheit* angeboten, da jeder mit einem Internetzugang frei auf die Seiten zugreifen kann. Die angebotenen Texte und Bilder sind keine bloße Weiterleitung von Berichten oder Meldungen. Online-Zeitungen beschäftigen eigene Redaktionen und Autoren, ordnen ihre Beiträge in ausgewählte Kategorien wie Politik, Wirtschaft, Kultur usw. ein. Durch die journalistische Recherchearbeit, dem Informieren über öffentliche Ereignisse und dem Einbringen eigener Meinungsäußerungen sind die einzelnen Beiträge der Online-Zeitungen ohne Zweifel relevant für die öffentliche Meinungsbildung. Damit erfüllen sie auch das verfassungsrechtliche Rundfunkmerkmal der *Darbietung*. Zuletzt werden Online-Zeitungen ebenso *elektromagnetisch übertragen*, wie das restliche Internet. Sie sind kein körperliches Medium. Demzufolge erfüllen Online-Zeitungen alle drei Merkmale des verfassungsrechtlichen Rundfunkbegriffes und sind durch die Rundfunkfreiheit nach Art. 5 Abs. 1 S. 2 GG geschützt.[333]

Dass der Pressebegriff für die einschlägigen Onlinezeitungen nicht anwendbar ist, wird auch in der Auswahl der verwendeten Medienformen deutlich. Während das Bundesverfassungsgericht Wort und Bild als Mittel der Presse zurechnete, nutzen die heutigen Online-Zeitungen darüber hinaus auch eine Fülle von Video- und

[331] BVerfGE 91, 125, 134.
[332] Neben vielen *Schoch* 2002, 808.
[333] Vgl. dazu auch eingehend *Susanne Radlsbeck*, Online-Magazine – rechtliche Würdigung von journalistisch-redaktionell gestalteten Abrufdiensten, Berlin 2004, 61.

Audiomaterial, um die eigenen Beiträge zu füllen.[334] Indem die Online-Zeitungen auch Audio- und Videoangebote zugänglich machen, nutzen sie schließlich genau die „Mittel der Funktionserfüllung", die das Bundesverfassungsgericht nur dem Rundfunk zuschreibt.[335]

Die Anwendung eines „offenen Pressebegriffs" würde im Ergebnis ohne Not die Trennung von Presse- und Rundfunkfreiheit aus Art. 5 Abs. 1 GG aufheben. Identische Arten der Informationsverbreitung im Internet ließen sich zwei verschiedenen Grundrechtsschutzbereichen – in einem Fall dem offenen Pressebegriff, im anderen dem Rundfunkbegriff – zuordnen, was kaum ein zufriedenstellendes Ergebnis sein kann.[336] Behält man die hergebrachte Unterscheidung zwischen dem körperlichen Medium der Presse und dem betont nicht körperlichen Medium des Rundfunks, vermeidet man eine solche ungenaue Grundrechtslage. Die Pressefreiheit ist damit für die Internetkommunikation nicht einschlägig.[337] Dafür spricht auch die Erweiterung des Angebotes von Online-Zeitungen gegenüber ihren gedruckten Versionen. Die Zurverfügungstellung von Podcast und Videos[338] kann auch weder als Medium von Schrift und Bild, also als „presseförmig" bezeichnet werden, noch regen diese Angebote zum Lesen an.

c) Rundfunk

Nachdem deutlich geworden ist, dass die Pressefreiheit aufgrund des fehlenden Merkmales der Körperlichkeit des Mediums im Internet keine Anwendung finden kann, drängt sich die Rundfunkfreiheit als der der Internetkommunikation zugrundeliegende Schutzbereich auf.[339] Der verfassungsrechtliche Rundfunkbegriff ist

---

[334] Zeit Online bietet neben den schriftlichen Artikeln auch eine Fülle an Videodateien zum Abruf an: »http://www.zeit.de/video/index« (Stand 31.10.2015).
Vgl. auch *Heiko Neuhoff*, Die Dynamik der Medienfreiheit am Beispiel von Presse und Rundfunk, ZUM 2012, 371-383, 381.

[335] Vgl. *Radlsbeck* 2004, 59.

[336] Vgl. *Stephan Ory*, Herausforderungen der Medienfreiheit – oder: Der Rundfunk als Endpunkt der Konvergenz? AfP 2011, 19-22, 19.

[337] So auch *Neuhoff* 2012, 382; Gegenposition und den Begriff der „Presseähnlichkeit" verteidigend *Hubertus Gersdorf*, Verbot presseähnlicher Angebote des öffentlich-rechtlichen Rundfunks, AfP 2010, 421-434, 423.

[338] *Spiegel Online Video*: »http://www.spiegel.de/video/«;
Süddeutsche Videoübersicht: »http://www.sueddeutsche.de/video«;
Die Welt Podcasts: »http://www.welt.de/podcasts/«;
Spiegel Online Liveticker Fußball: »http://www.spiegel.de/sport/fussball/fussball-live-liveticker-tabellen-und-statistiken-a-839944.html#contest=wmf« (Stand 31.10.2015).

[339] Weite Teile der Literaturmeinung folgen mittlerweile dieser Einordnung. Für Nachweise und andere Ansichten siehe Kapitel A. I. 2.

soweit auf das Internet anzuwenden, wie die Kommunikationsprozesse den Merkmalen *Allgemeinheit*, *Darbietung* und der elektromagnetischen *Verbreitung* entsprechen.

aa) Allgemeinheit

Die Internetkommunikation entspricht dann dem Merkmal der Allgemeinheit, wenn sie sich von reiner Individualkommunikation abgrenzt, wenn sie also erstens allgemein und öffentlich zugänglich ist (technisches Element) und wenn sie zweitens auch vom Sender an eine Allgemeinheit gerichtet ist (inhaltliches Element). Die Onlineinformationen sind gemäß der Funktionsweise es Internet grundsätzlich der Öffentlichkeit *zugänglich*. Der überwiegende Anteil der abrufbaren Informationen auf Internetportalen, ganz gleich ob text-, ton- oder videobasiert sowie die Kommunikation innerhalb öffentlicher Chaträume sind für die Allgemeinheit technisch erreichbar.[340] Erst wenn Internetkommunikation sich an vorher definierte Adressaten richtet und demzufolge von vornherein ein Großteil potentieller Nutzer ausgeschlossen wird, fehlt es am Merkmal der Allgemeinheit. Dies ist der Fall, wenn Chaträume von Beginn an nur für eine bestimmte Gruppe von Personen eröffnet wird, beispielsweise durch die gezielte Einladung eines Administrators[341], oder im Falle der individuellen E-Mail-Kommunikation und des Online-Bankings.[342] Die Onlineangebote müssten jedoch nicht nur allgemein zugänglich sein, sondern sich auch bewusst an die Allgemeinheit richten. Vereinzelt wird angezweifelt, ob der technische Vorgang der *Abrufdienste* von Online-Angeboten dem Merkmal der „Adressierung" an die Allgemeinheit genügt.[343] Abrufdienste[344] werden als einzelne Dateien auf die Internetseite vom Betreiber (Host) zum Download bereitgestellt. Der Nutzer bzw. Empfänger dieser Inhalte wählt durch eigene Entscheidung die Inhalte aus, die er sehen, hören oder lesen möchte. Aufgrund dieser vom Empfänger abhängigen Entscheidung wird vertreten, dass es bei diesen Abrufvorgängen an einer Verteilung an eine Vielzahl von Empfängern fehle, weshalb eine Adressierung an die Allgemeinheit ausgeschlossen sei.[345] Denn technisch wird in dem Moment des Abrufes und des Downloads der Dateien tatsächlich nur eine Übermitt-

[340] Vgl. *Witt* 2007, 73f.

[341] Vgl. *Held* 2008, 57f.

[342] Vgl. *Kapitel* B. I. 3. a)

[343] Vgl. *Ricker/Schiwy* 1997, 78; *Reinhart Ricker*, Rundfunkgebühren für Computer mit Internet-Zugang?, NJW 1997, 3199-3205, 3200; *Held* 2008, 60.

[344] Typischerweise einzelne Videodateien, Audiodateien, Textinhalte oder Bildinhalte, die allesamt nicht in einer linearen, fortlaufenden Weise gesendet werden.

[345] Vgl. *Ricker/Schiwy* 1997, 78.

lung von Inhalten an eine individuelle Adresse des die Inhalte abrufenden Rezipienten vorgenommen.[346] Die Vermutung lautet, dass durch die technisch individuelle Übertragung nur eine Individualkommunikation stattfindet und keine Massenkommunikation. Dem wird aber entgegengehalten, dass das Merkmalselement der Adressierung an die Allgemeinheit nicht bloß technisch verstanden werden dürfe, sondern die Adressierung an die Allgemeinheit eher eine „materiell-inhaltliche“ Voraussetzung ist.[347] Der individuelle Abruf hat keinen Einfluss darauf, dass letztlich doch einem Sender eine unbestimmte Anzahl von Empfängern gegenübersteht.[348] Die auf den Internetseiten eingestellten Inhalte sind vor dem Abruf produziert worden und werden einer Allgemeinheit zum Abruf bereitgestellt. Jedem potentiellen Empfänger wird der gleiche Medieninhalt angeboten, ohne zuvor zu wissen, welche Rezipienten den Abrufdienst in Anspruch nehmen.[349]

Dem rein formalen, technischen Argument der individuellen Datenübertragung kann nicht gefolgt werden. Ein Beispiel soll erklärend wirken: Es wird nicht verständlich, warum eine um 20.00 Uhr über das Fernsehgerät empfangene Tagesschau klassisch als Rundfunk zählt, die gleiche Sendung aber keinen Rundfunk darstellen soll, wird sie empfangen entweder über den Computer durch einen Abruf des Livestreams der ARD von deren Homepage, oder aber als Abruf der fünfzehnminütigen Sendung als einzelne Videodatei. In beiden Fällen ist die produzierte Tagesschau eine an einen Großteil der Bevölkerung gerichtete Sendung, ohne den Rezipientenkreis genau zuvor bestimmen zu können. In beiden Fällen bleibt die ARD der Sender und der Zuschauer der Empfänger der Kommunikationsinhalte der Tagesschau. Durch den individuellen Abruf ändert sich die Rollenverteilung der Kommunikationsteilnehmer nicht und für alle Empfänger der Tagesschau wird ein gleiches, standardisiertes Programm angeboten.[350] Damit wird deutlich, dass auch technisch individuell abgerufene Online-Angebote an die Allgemeinheit adressiert sein können.

Die oben dargestellten Online-Angebote der öffentlich-rechtlichen Rundfunkanstalten erfüllen bis auf wenige Ausnahmen allesamt das Merkmal der Allgemeinheit. Die Internetportale und die darin angebotenen Inhalte sind zunächst technisch betrachtet einer Allgemeinheit *zugänglich* und es existiert kein vorab bestimmbarer und exklusiver Empfängerkreis. Weiterhin sind die Online-Angebote zum Großteil

---

[346] Vgl. *Witt* 2007, 75.
[347] Vgl. *Witt* 2007, 75.
[348] Vgl. *Antje Karin Pieper/Peter Wiechmann*, Der Rundfunkbegriff, ZUM 1995, 82-96, 89.
[349] Vgl. *Held* 2008, 60f; *Wolfgang Hoffmann-Riem*, Der Rundfunkbegriff in der Differenzierung kommunikativer Dienste, AfP 1996a, 9-15, 13f.
[350] Vgl. *Held* 2008, 60; *Pieper/Wiechmann* 1995, 89.

auch an die Allgemeinheit *gerichtet*. Dies betrifft insbesondere die Abrufdienste, die unbeachtet der individuellen technischen Datenübertragung einer Allgemeinheit in standardisierter Weise zum Abruf bereit gestellt werden. Damit erfüllen die öffentlich-rechtlichen Online-Angebote Livestream, Mediathek, Textinhalte und Online-Shop in jedem Fall das Merkmal der Allgemeinheit. Auch der Newsletter lässt sich dem zurechnen. Zwar wird ein Newsletter ebenfalls nach technischem Verständnis individuell per E-Mail übertragen, was auf den Schutzbereich der Meinungsfreiheit hindeutet. Aber durch die Möglichkeit für Jedermann, sich in die Verteilerlisten einzutragen und dadurch in einen standardisierten E-Mail-Verteiler aufgenommen zu werden, wird doch deutlich, dass Newsletter an die Allgemeinheit gerichtet und der Allgemeinheit zugänglich sind. Ein Empfängerkreis kann beim Newsletter nicht vorher bestimmt werden. Lediglich tatsächlich rein individuelle E-Mails zwischen Rundfunkanstalt und einer Einzelperson können nicht vom Rundfunkbegriff gedeckt sein.

bb) Darbietung

Das verfassungsrechtliche Rundfunkmerkmal der Darbietung knüpft an Voraussetzungen an, die für die Einordnung als Rundfunk von hervorgehobener Bedeutung sind. Durch die unverkennbare Nähe des Rundfunks zur Meinungsbildung[351] muss der übertragene Inhalt eine wie auch immer geartete *Relevanz für die Meinungsbildung* besitzen.[352] Stellen kommunikative Onlinevorgänge für den Rezipienten eine meinungsbildende Informierung dar, erfüllen sie das Rundfunkmerkmal der Darbietung. Der Darbietungscharakter von Angeboten des Internets ist nicht beschränkt auf ausschließlich politische oder kulturell-bildende Inhalte, sondern kann genauso unterhaltender Natur sein. „Einerlei, ob es sich um Produkte der Trivial- oder Hochkultur handelt, sie können auf das Orientierungs- und Qualifikationswissen, den Wertehaushalt, die Plausibilitätsstrukturen, die in der Gesellschaft verankerten Stereotypen, die Bandbreite relevanter Bedürfnisse und insgesamt die soziale Wirklichkeitskonstruktion einwirken."[353] Die Meinungsbildungsfunktion des Rundfunks, auch im Internet, macht sich nicht daran fest, ob allein die Inhalte meinungsbildungsrelevant sind.[354] Vielmehr kommt in der Prüfung des Merkmales der Darbietung das zum Tragen, was das Bundesverfassungsgericht die Eigenschaft des Rund-

---

[351] Vgl. *Hoffmann-Riem* 1996b, 48.
[352] Vgl. *Hubertus Gersdorf*, Der verfassungsrechtliche Rundfunkbegriff im Lichte der Digitalisierung der Telekommunikation, Berlin 1995, 95ff.
[353] *Hoffmann-Riem* 1996b, 49.
[354] Vgl. *Andrea Gourd*, Öffentlichkeit und digitales Fernsehen, Wiesbaden 2002, 125f.

funks als „Medium und Faktor" der Meinungsbildung benannt hat. Der Rundfunk als Bindeglied der Massenkommunikation soll „die riesigen Mengen an Meinungen, Informationen und Ereignissen, die ständig erzeugt werden bzw. geschehen, für die Rezipienten durch Auswahl und Bearbeitung aufbereiten."[355]

Maßgeblich ist, ob die verbreiteten Informationen hiernach einer *redaktionell-aufbereitenden Auswahl* durch den Sender der Information unterzogen wurden. Es kommt nicht auf eine direkte Bewertung des kommunikativen Inhalts an, dies verbietet sich bereits aus dem Gedanken der freien Kommunikation und Meinungsbildung. Stattdessen zeigt sich die Funktion des Rundfunks als Faktor der Meinungsbildung genau dann, wenn die übermittelten Inhalte das Ergebnis eines Auswahl- und Gestaltungsprozesses auf der Seite des Rundfunkveranstalters sind.

Auswahl und Aufbereitung finden dann durch den Rundfunkveranstalter statt, wenn im Hinblick auf den Rezipienten unterschiedliche Informationen und Meinungen zu einem neuen inhaltlichen Produkt zusammengefügt werden.[356] Es fehlt an einer solchen redaktionellen Aufbereitung, wenn das Kommunikat ohne Zusammenhang und Einbindung in ein größeres Kommunikationsangebot verbreitet wird.[357]

Maßstab für den Darbietungscharakter von Onlinemedien ist also, ob die verbreiteten Inhalte einen *Meinungsbildungsbezug* besitzen, der sich in einer *redaktionellen Aufbereitung* zeigt. Sofern die Rundfunkanstalten auf ihren Onlineportalen ihr aktuelles Programm per Livestream unverändert zur Verfügung stellen, kann der Darbietungscharakter unstreitig festgestellt werden. Die einzelnen Sendungen und Programminhalte sind das von verschiedenen Redaktionen und Programmverantwortlichen aus einer Vielzahl von Meinungen, Meldungen, Informationen und Berichten zusammengestellte Rundfunkprogramm, wie es auch über klassische Übertragungswege verbreitet wird. Das gilt auch für die auf den Internetportalen verfügbaren Textmedien und die in den Mediatheken abrufbaren Video- und Audiosendungen. Sie sind jeweils in das größere Kommunikationsangebot der Internetseite der Rundfunkanstalt eingebunden und stehen in programmlichem Zusammenhang mit anderen Sendungen oder Berichten. Beispielsweise werden in den Mediatheken fortlaufende Sendungen in einer Reihe von einzeln abrufbaren Videodateien angeboten, die bereits aufgrund der Gestaltung der Internetseite aufeinander Bezug

[355] *Hans Jarass*, Rundfunkbegriffe im Zeitalter des Internets, AfP 1998, 133-141, 135.
[356] *Jarass*, AfP 1998, 135.
[357] Vgl. *Frauke Bronsema*, Medienspezifischer Grundrechtsschutz der elektronischen Presse, Berlin 2008, 87.

nehmen.[358] Auch die Texte der Internetseite der Tagesschau stehen in unmittelbarem Zusammenhang zur regelmäßig am Tag laufenden Sendung und sind ebenso wie Nachrichtensendung redaktionell aufbereitet aus einer Vielzahl von Informationen. Das gleiche gilt für die mobile Version der Internetseite »tagesschau.de«, die sich als Tagesschau-App auf Smartphones installieren lässt.

Am Darbietungscharakter fehlt es eindeutig dem Onlineangebot der Online-Shops. Die angebotenen Artikel haben zwar einen Bezug zum Namen, zu Logos oder zu einzelnen Sendungen der Rundfunkanstalten, gehen aber nicht über eine Reminiszenz an besondere Figuren (Plüschtier von der Sendung mit der Maus) oder Sendungsnamen hinaus. Meinungsbildungsrelevante Informationen werden hier nicht transportiert, es wird den Rezipienten ausschließlich die Möglichkeit gegeben, bestimmte Waren einzukaufen. Auch an einer redaktionellen Aufbereitung verschiedener Meinungen und Informationen aus unterschiedlichen Quellen fehlt es vorliegend.

Fraglich ist zudem der Darbietungscharakter von Newslettern. Im Vergleich mit den gedruckten Programmzeitschriften besitzen Newsletter größere Gestaltungsspielräume und können sich nicht nur auf das Gesamtprogramm, sondern sogar auf einzelne Sendungen beziehen. Es gibt Newsletter, die der typischen Informierung über das Gesamtprogramm dienen[359], über einzelne Sendeformate berichten[360] oder aber unabhängig vom Sendeplan von anderen Einzelthemen geprägt sind.[361] Der überwiegende Anteil der Newsletter ist sendungsbezogen, insoweit, dass die per E-Mail versendeten Texte über den Inhalt einer geplanten Sendung informieren. Eine redaktionell-programmliche Aufbereitung der Inhalte dürfte für den Großteil der Newsletter angenommen werden. Wenn beispielsweise der TV-Programm Newsletter des MDR für alle Sendungen des aktuellen Tagesprogrammes einen eigenen

---

358 In der *ZDF Mediathek* wird sowohl der neueste Beitrag der *Sendung „Die Anstalt"* zum Abruf angeboten, als auch gleichzeitig im selben Sichtfeld alle vorherigen 102 Videodateien der Sendung bereitgestellt:
»http://www.zdf.de/ZDFmediathek/hauptnavigation/sendung-a-bis-z#/kanaluebersicht/2078314/sendung/Die-Anstalt« (Stand 31.10.2015).

359 Vgl. den *TV-Programm Newsletter* des *MDR*:
»http://www.mdr.de/tv/nl/newsletterkanal132.html« (Stand 31.10.2015).

360 Vgl. den *Newsletter* zu *SWR1 Sendung „Leute":*
»http://www.swr.de/swr1/bw/programm/leute-newsletter/-/id=446250/cf=42/did=6637240/nid=446250/c8iedd/index.html«;
NDR Sendung Zapp: »https://www.ndr.de/fernsehen/sendungen/zapp/newsletter/«; oder zur Sendung *BR „report München"*: »http://www.br.de/fernsehen/das-erste/sendungen/report-muenchen/social_media-und-podcast/newsletter-an-abmeldung146.html« (Stand 31.10.2015).

361 Vgl. den *Zitate-Newsletter* des *ZDF*:
»http://www.zdf.de/zuschauerservice-8075318.html« (Stand 31.10.2015), der einmal monatlich eine Liste von Zitaten und Lebensweisheiten an die Abonnenten verschickt wird.

Abschnitt mit einer ausformulierten Inhaltsangabe der Sendung bereitstellt, so ist dieser Inhaltsangabe bereits eine redaktionelle Auswahl verschiedener Informationen und Meinungen vorausgegangen. Die redaktionelle Aufbereitung zu einem neuen Produkt trifft nicht nur für die Hörfunk- oder Fernsehsendung zu, sondern auch für den daraus hervorgehenden Newsletter. Ob Newsletter damit meinungsbildende Informationen bereitstellen, die dem Merkmal der Darbietung genügen, kann nur im Einzelfall entschieden werden. Der Informationsgehalt ist von Fall zu Fall unterschiedlich. Für inhaltlich ausführliche Newsletter kann der Darbietungscharakter festgestellt werden, da sie den gleichen Bezug zur Sendung aufweisen wie andere Textmedien auf den Internetseiten der Rundfunkanstalten. Zumindest die umfangreichen Newsletter weisen eine redaktionelle Aufbereitung zweifelsfrei auf. Ob jedoch Newsletter ohne Bezug zu einer Rundfunksendung eine eigene Meinungsbildungsrelevanz und redaktionelle Aufbereitung aufweisen, kann bezweifelt werden und ist nur im Einzelfall zu beurteilen. Als Zwischenergebnis kann daher festgehalten werden, dass Livestreams und Abrufdienste das Rundfunkmerkmal der Darbietung erfüllen. Lediglich für Online-Shops und für Newsletter ohne Sendungsbezug trifft dies nicht zu.

Unverständlich bleibt im Weiteren, dass Teile der Literatur den Darbietungscharakter von Online-Angeboten deshalb zurückweisen, weil es dem Internet an „Aktualität, Breitenwirkung und Suggestivkraft“ fehle.[362] Diese drei Begriffe stammen aus der Feder des Bundesverfassungsgerichts und wurden im Zusammenhang mit der besonderen Wirkung des Rundfunks auf den Rezipienten erwähnt.[363] Die Autoren wollen diese Kriterien nunmehr als Elemente des verfassungsrechtlichen Rundfunkbegriffes verstehen und beim Fehlen der Kriterien den Rundfunkbegriff auf die Online-Angebote nicht anerkennen.

Dabei unterläuft diesen Teilen der Literatur aber ein bedeutender Fehler, auf den an anderer Stelle völlig zu Recht hingewiesen wurde.[364] Das Bundesverfassungsgericht hat die Aktualität, Breitenwirkung und Suggestivkraft des Rundfunks nie als dessen konstituierende Definitionsmerkmale angesehen. Die Begriffe wurden zur Begründung für eine durch den Gesetzgeber vorzunehmende rechtliche Regulierung des Rundfunks herangezogen.[365] So folgt auch im entsprechenden Urteil im Anschluss an die Betonung der drei Kriterien die daraus gezogene Schlussfolge-

[362] Vgl. *Degenhart* CR 2011, 233; *Wolfgang Lent*, Rundfunk-, Medien- und Teledienste, Frankfurt/Main 2001, 40ff u. 75ff; *Kube* 2006, § 91, Rn. 13; *Koreng* 2010, 75; ebenfalls die Kriterien für den Rundfunkbegriff heranziehend, aber mit anderem Ergebnis *Witt* 2007, 78ff; *Held* 2008, 100ff.

[363] BVerfGE 90, 60, 87; BVerfGE 103, 44, 74.

[364] Vgl. *Papier/Schröder* 2011, 70; ebenfalls *Korte* AöR 2014, 393.

[365] Vgl. *Papier/Schröder* 2011, 70.

rung, die Freiheit des Rundfunks hänge ganz wesentlich von dessen Bedingungen ab, weshalb es gefordert ist, das Grundrecht durch eine positive Ordnung zu organisieren und durch einen staatsfreien öffentlich-rechtlichen und einen unter Genehmigungsvorbehalt stehenden privaten Rundfunk auszugestalten.[366]

Rundfunk ist nicht erst dann Rundfunk, wenn er aktuell, breitenwirkend und suggestiv ist. Sondern Rundfunk muss, wenn er aktuell, breitenwirkend und suggestiv ist, durch eine gesetzliche Ordnung ausgestaltet werden, um einer freien Meinungsbildung zu dienen.

Die drei Kriterien Aktualität, Breitenwirkung und Suggestivkraft sind damit nicht Elemente des verfassungsrechtlichen Rundfunkbegriffes, sondern sie sind Wirkungen, die von der Rundfunkkommunikation ausgehen, und die die Begründung dafür liefern, dass der Rundfunk in Deutschland durch eine positive Ordnung ausgestaltet wird. Im Rahmen der Frage, ob die Internetkommunikation der Rundfunkanstalten unter den verfassungsrechtlichen Rundfunkbegriff fällt, ist das Heranziehen der Kriterien Aktualität, Breitenwirkung und Suggestivkraft verfehlt. Sie kommen erst an späterer Stelle, während der Prüfung eines öffentlich-rechtlichen Rundfunkauftrages im Internet, zur Anwendung.

cc) Verbreitung

Jegliche Internetkommunikation findet kabelgebunden über Telefon- oder Breitbandkabel statt oder aber über elektromagnetische Schwingungen.[367] Bereits Kapitel B. I. 3. b) hat gezeigt, dass das wesentliche Abgrenzungsmerkmal zwischen Pressefreiheit und Rundfunkfreiheit der physische Zustand des Mediums ist. Insoweit sind auch nicht körperliche Textinhalte, die äußerlich der gedruckten Presse ähneln, als Rundfunk zu werten, soweit sie fernmeldetechnisch und nicht ausschließlich individuell verbreitet werden. Ein wichtiges Element nebst der kabelgebundenen oder elektromagnetischen Übertragung ist die *Überwindung einer räumlichen Distanz* zwischen Sender und Empfänger.[368] Dieses Merkmal ist eng verbunden mit dem Element der öffentlichen Zugänglichkeit der Rundfunkangebote, denn Rundfunkinhalte, die nur „innerhalb einer überblickbaren räumlichen Einheit"[369] gesendet werden, sind für die Allgemeinheit nicht zugänglich. Rundfunk muss demnach auch sendetechnisch weit verbreitet sein.

---

366 BVerfGE 90, 60, 87f und 90.

367 Vgl. *Witt* 2007, 86.

368 Vgl. *Degenhart* 2004, Art. 5 Abs. 1 und 2, Rn. 681; dem folgend auch *Held* 2008, 84.

369 *Degenhart* 2004, Art. 5 Abs. 1 und 2, Rn. 681.

Das verfassungsrechtliche Rundfunkmerkmal der fernmeldetechnischen Verbreitung ist unstreitig und ohne Ausnahme auf die Internetkommunikation im Allgemeinen und daher auch auf die Online-Angebote der öffentlich-rechtlichen Rundfunkanstalten anwendbar, sofern sie eine räumliche Distanz überwindet. Die Internetangebote der Rundfunkanstalten werden für alle Nutzer mit Onlinezugang gewährt, unabhängig vom jeweiligen Standort des Nutzers und dank der technischen Möglichkeiten des mobilen Internets über Smartphones sogar unterwegs. Die Verbreitung der öffentlich-rechtlichen Rundfunkangebote ist hiernach fernmeldetechnisch und überwindet eindeutig räumliche Distanzen vom Sender zum Empfänger.

dd) Linearität als Kriterium?

Mit dem 12. Rundfunkänderungsstaatsvertrag wurde der einfachgesetzliche Rundfunkbegriff um das Kriterium der Linearität erweitert. Rundfunk ist demnach nur noch jenes elektromagnetisch oder kabelgebunden verbreitete Programm, das entlang eines Sendeplans gesendet und empfangbar ist[370], was typischerweise bei Radio- und Fernsehsendungen sowie bei im Internet verfügbaren Livestreams der Fall ist. Linearer Rundfunk liegt dann vor, wenn eine zeitlich geordnete Folge von Inhalten in einem Plan festgelegt ist.[371] Alle nicht linearen Medien, vorrangig die Abrufdienste im Internet, fallen daher aus dem Rundfunkbegriff des Rundfunkstaatsvertrages heraus. Für sie wurde der Begriff der Telemedien geprägt.[372] Durch die Trennung in zwei Begriffe wurden auch zwei verschiedene Regulierungsregimes für den Rundfunk und für die Telemedien geschaffen. Folglich besteht für den privaten Rundfunk ein Genehmigungsvorbehalt durch § 20 Abs. 1 S. 1 RStV. Da Rundfunk in diesem Zusammenhang nur linearer Rundfunk ist, bedarf die Veranstaltung von Telemedien, also von nicht linearen Abrufdiensten, keine Zulassung nach § 20 Abs. 1 S. 1 RStV. Telemedien unterfallen nicht dieser Regulierung. Sie sind im Unterschied zum klassischen Rundfunk zulassungs- und anzeigefrei gemäß § 54 Abs. 1 S. 1 RStV. Diese einfachgesetzliche Regulierung ist für die vorliegende Fragestellung, ob öffentlich-rechtliche Onlineangebote verfassungskonform sind, von besonderer Bedeutung. Denn die Onlineangebote der Rundfunkanstalten sind abgesehen von den verfügbaren Livestreams allesamt Abrufdienste und damit entsprechend dem Rundfunkstaatsvertrag nicht lineare Telemedien. Sie gelten demgemäß gar nicht als Rundfunk. Es lässt sich hinterfragen, ob es verfassungsrecht-

---

[370] § 2 Abs. 1 S. 1 RStV.

[371] Vgl. *Dieter Dörr/Rolf Schwartmann*, Medienrecht, 5. Aufl., Heidelberg 2015, 28.

[372] § 2 Abs. 1 S. 3 RStV.

lich geboten ist, für lineare Rundfunkdienste und für nicht lineare Rundfunkdienste zwei Regulierungsregime zu errichten – einmal mit Genehmigungsvorbehalt und einmal ohne.[373]

Denn es sei betont, dass die Linearität von Rundfunkprogrammen kein Merkmal des verfassungsrechtlichen Rundfunkbegriffes ist. Zwar gibt es auch Stimmen, nach denen (nicht lineare) Abrufdienste im Internet in ihrem „Inhalt so gestückelt wahrgenommen werden, daß von einem planhaft ablaufenden und den Empfänger über längere Zeiträume hinweg in seiner Meinungsbildung beeinflussenden Programm nicht gesprochen werden kann."[374] Aufgrund der individuellen Rezeptionsoptionen sei eine Meinungsbildungsrelevanz vergleichbar dem klassischen Rundfunk nicht erkennbar und die Rundfunkeigenschaft der Abrufdienste zu verneinen.[375]

Fraglich bleibt letztlich aber doch, ob es allein auf die Tatsache ankommen kann, dass der Rezipient den Zeitpunkt der Kommunikation bestimmen kann, indem er den Abrufdienst anwählt.[376] Es würde doch letztlich das nicht zufriedenstellende Ergebnis folgen, dass eine über den klassischen Rundfunk empfangene Sendung im Radio oder Fernsehen dem Rundfunkbegriff zugeordnet würde und dieselbe Sendung durch individuellen Abruf im Internet keine Rundfunkqualität zugesprochen bekäme. Dies kann kaum im Sinne des Art. 5 Abs. 1 S. 2 GG sein. Der meinungsrelevante und die Meinungsbildung ermöglichende Inhalt einer Sendung verändert sich nicht durch die Art seines Übertragungsweges.[377] Auch ein individuell abgerufener Film oder eine Nachrichtensendung kann besondere Wirkungen der Authentizität auf den Betrachter hervorrufen, weshalb die Forderung nach freier Meinungsbildung hierbei nicht minder wichtig ist.

Linearität kann nach alledem kein Merkmal des verfassungsrechtlichen Rundfunkbegriffes sein. Insoweit fallen der verfassungsrechtliche und der einfachgesetzliche Rundfunkbegriff auseinander. Dass beide Rundfunkbegriffe unterschiedlich ausfallen hat jedoch aus verfassungsrechtlicher Perspektive keine Auswirkung darauf, dass Abrufdienste im Internet als Rundfunk zu klassifizieren sind. Ob die ein-

---

[373] Vgl. zu dieser verfassungsrechtlichen Frage auch *Ory* AfP 2011, 21, der gleiches Problem auch für die unterschiedlichen Regimes für den Hörfunk sieht. Veranstalter von klassischem Hörfunk benötigen eine Zulassung gemäß § 20 Abs. 1 S. 1 RStV, Veranstalter von Hörfunk, der ausschließlich im Internet verfügbar ist (Internetradio), benötigen gemäß § 20b RStV keine Zulassung, sondern sind lediglich anzeigepflichtig.

[374] *Kube* 2006, § 91, Rn. 14.

[375] Vgl. *Herrmann*, Rundfunkrecht 2004, § 2, Rn 27f; *Martin Bullinger*, Der Rundfunkbegriff in der Differenzierung kommunikativer Dienste, AfP 1996, 1-8, 7f; *Bullinger* JZ 1996, 385.

[376] Vgl. *Peine* 2003, 265.

[377] Vgl. *Hesse* 2003, 81; *Roland Klaes*, Verfassungsrechtlicher Rundfunkbegriff im Internet, ZUM 2009, 135-141, 138.

fachgesetzliche Unterscheidung zweckmäßig ist, ist eine Frage des Regulierungsrechts und kann insofern an dieser Stelle unbeachtet bleiben.

4. Zwischenergebnis

Die zweite Fragestellung dieser Untersuchung lautete, ob der Rundfunkbegriff für die moderne Onlinekommunikation anwendbar sei. Der verfassungsrechtliche Rundfunkbegriff mit seinen drei Merkmalen Allgemeinheit, Darbietung und Verbreitung kann auf die Kommunikation im Internet übertragen werden.[378] Soweit keine ausschließlich individuelle Kommunikation per E-Mail, privatem Chat oder beim Online-Banking stattfindet, treffen die drei Merkmale auf die Internetkommunikation zu. Dies liegt in der massenkommunikativen Struktur des Internets begründet, welche ihrem Grundsatz nach eine offene Zugänglichkeit von Informationen für alle Nutzer bietet.

Die Onlineangebote der Rundfunkanstalten fallen ebenso überwiegend unter den verfassungsrechtlichen Rundfunkbegriff. Zwar fehlt es dem rein individuellen E-Mail-Verkehr zwischen der Rundfunkanstalt und einem Nutzer an der Allgemeinheit der Kommunikation, weshalb sie nicht vom Rundfunkbegriff umfasst ist. Und auch der inhaltliche Darbietungscharakter ist bei Online-Shops nicht erkennbar. Doch abseits dessen lassen sich die übrigen Onlineaktivitäten der Rundfunkanstalten (Livestream, Mediathek, Textmedien, sendungsbezogene Newsletter) unter den Rundfunkbegriff nach Art. 5 Abs. 1 S. 2 GG subsumieren.

Damit ist noch nichts darüber gesagt, ob diese Internetaktivitäten auch von der dienenden Rundfunkfreiheit umfasst und legitimiert sind, sondern nur, dass die Rundfunkanstalten Rundfunk im Internet anbieten.

---

[378] Damit ist auch jenes Postulat aus BVerfGE 83, 238, 302 erfüllt, wonach der verfassungsrechtliche Rundfunkbegriff „sich vielmehr bei tatsächlichen Veränderungen in dem von Art. 5 Absatz 1 Satz 2 GG geschützten Sozialbereich wandeln [kann]. Soll die Rundfunkfreiheit unter den Bedingungen raschen technischen Wandels ihre normative Kraft bewahren, dann darf bei der Bestimmung von Rundfunk nicht nur an eine bereits eingeführte Technik angeknüpft werden.“

II. Legitimierung und Grenzen von öffentlich-rechtlichen Rundfunkangeboten im Internet

Nachdem nun geklärt werden konnte, dass die kommunikativen Vorgänge im Internet mit Ausnahme individueller E-Mails, Chats und dem Online-Banking dem verfassungsrechtlichen Rundfunkbegriff zugerechnet werden können, stellt sich im Anschluss die Frage, ob daraus auch zu schlussfolgern ist, dass die gesamte duale Rundfunkordnung auf das Internet übertragen werden kann.

Aus der Übertragbarkeit des Rundfunkbegriffes auch die Übertragbarkeit der Rundfunkordnung auf das Internet automatisch abzuleiten, ist zunächst nicht angebracht. Das Bundesverfassungsgericht hatte seine Konzeption der „dienenden Rundfunkfreiheit" zunächst vor dem Hintergrund der technischen Beschränkung in den Anfangsjahren der Bundesrepublik (Senderknappheit) begründet, und diese Begründung später, nach Wegfall der technischen Hürden, darauf ausgelegt, dass der Rundfunk der freien Informierung der Bevölkerung dient. Die Defizite des privatrechtlich organisierten Rundfunks, der aufgrund seiner Werbefinanzierung und der Fixierung auf die Höhe von Einschaltquoten gewissen Zwängen in seiner Programmgestaltung unterliegt, rechtfertigen die weitere Existenz des öffentlich-rechtlichen Rundfunks.

Nicht anders ist auch die für die Rundfunkanstalten ausgesprochene Entwicklungsgarantie für neue Formen und Inhalte zu verstehen.[379] Ganz bewusst eröffnete das Bundesverfassungsgericht dem öffentlich-rechtlichen Rundfunk *nicht* eine Blankovollmacht für eine mediale Weiterentwicklung. Vielmehr stellte es Bedingungen und Voraussetzungen auf, die für die Weiterentwicklung erfüllt sein müssen. „Die Zulässigkeit der öffentlich-rechtlichen Online-Aktivitäten hängt [...] also davon ab, ob sich in diesem Medienbereich ein Defizit an Meinungspluralität und thematischer Breite diagnostizieren lässt."[380] Nur dann, wenn ein Vielfalt verengendes Defizit festgestellt werden kann, kann daraus auch ein öffentlich-rechtlicher Rundfunkauftrag im Internet als Ausgleich zu den defizitären Tendenzen begründet werden.[381] Damit ist der Fortgang der nachstehenden Prüfung beschrieben. Lassen sich Gründe finden, die eine öffentlich-rechtliche Onlinepräsenz legitimieren?

---

[379] BVerfGE 83, 238, 302f.
[380] *Müller-Terpitz* AfP 2008, 339.
[381] Vgl. *Witt* 2007, 117.

1. Annex-Kompetenz

Zunächst könnte sich eine Legitimation der Online-Aktivitäten der Rundfunkanstalten aus einer Annexkompetenz zur klassischen Rundfunktätigkeit ergeben. Der für den öffentlich-rechtlichen Rundfunk beschriebene Funktionsauftrag soll die freie individuelle und öffentliche Meinungsbildung ermöglichen. Sofern es sich dabei um das klassische, entlang eines Sendeplanes ablaufende Rundfunkprogramm handelt, könnte sich der Funktionsauftrag unabhängig der technischen Übertragungsart auch auf bestimmte Online-Aktivitäten ausweiten. Wie das Bundesverfassungsgericht betonte, ist der öffentlich-rechtliche Rundfunk nicht an einen bestimmten technischen Stand eines spezifischen Zeitpunktes gebunden, da er sonst seinem Auftrag in einer gewandelten Medienlandschaft nicht gerecht werden könnte. Wird das klassische Rundfunkprogramm nicht nur über Kabel oder Satellit übertragen, sondern zudem auch über einen Livestream im Internet, der zeitgleich dasselbe Programm ausstrahlt, ist dies unstreitig vom klassischen Rundfunkauftrag und dessen Technologieoffenheit umfasst. Durch den veränderten Übertragungsweg wird keine neue „Form" oder Qualität des klassischen Rundfunkprogramms geschaffen, weshalb Livestreams der Rundfunkanstalten in jedem Fall von der dienenden Freiheit des Art. 5 Abs. 1 S. 2 GG geschützt sind.[382]

Ein anderes Bild ergibt sich aber für jene Onlineangebote, die in ihrer „Form" und ihrem „Inhalt" vom klassischen linearen Rundfunk abweichen. Dies sind Onlineangebote wie die Mediatheken, Textangebote, Newsletter etc., die zwar, wie gezeigt, dem verfassungsrechtlichen Rundfunkbegriff zugeordnet werden, sich aber erheblich von der Form und vom Inhalt des linearen Rundfunkprogramms abheben. Für diese Onlineangebote braucht es legitimierende Gründe, die sich aus der defizitären Struktur und der Logik des Internets ergeben müssten.

2. Klassischer Rundfunkauftrag im Internet?

Die öffentlich-rechtlichen Onlineangebote, die dem Rundfunkstaatsvertrag zufolge als Telemedien, in verfassungsrechtlicher Perspektive aber als Rundfunk eingeordnet werden, werden von der positiv gestalteten Rundfunkfreiheit dann geschützt, „wenn sie dem publizistischen Gemeinwohl und dem Vielfaltsgebot dienen und damit dem verfassungsrechtlich abzugrenzenden Funktionsauftrag unterfallen."[383] Die duale Rundfunkordnung mitsamt dem klassischen Rundfunkauftrag zur freien

[382] Vgl. *Lenski* Verwaltung 2012, 477; *Degenhart* CR 2011, 234; *Martini* DVBl. 2008, 1481.
[383] *Badura* AöR 2009, 249.

Meinungsbildung hat sich herausgebildet, weil private Rundfunkveranstalter durch die Logik der Werbefinanzierung Versorgungslücken aufweisen. Die Grundzüge der Rundfunkordnung ließen sich auf den neuen Bereich des Internets dann übertragen, wenn der Online-Bereich „vergleichbare Gefahren für die Meinungsvielfalt bzw. für den gesellschaftlichen Kommunikationsprozess mit sich bringt“[384], und wenn ein gleichgewichtiges Meinungsangebot durch das Internet nicht sichergestellt ist.[385]

Der klassische Rundfunkauftrag der Rundfunkanstalten begründet sich aus den dem Rundfunk innewohnenden Wirkungskräften. Der Rundfunk als Massenmedium besitzt eine potentielle Missbrauchsgefahr durch seine besondere Wirkung auf die Kommunikationsteilnehmer. Vom Rundfunk kann eine Suggestivkraft ausgehen, wie sie andere Formen der Kommunikation nicht besitzen.[386] Der öffentlich-rechtliche Rundfunkauftrag kann daher *nur dann* auf das Internet übertragen werden, wenn das Internet vergleichbare Wirkungen auf den Rezipienten aufweist, wie der klassische Rundfunk. Besitzt das Internet suggestive Strukturen, unterliegt es Werbezwängen und Vielfaltsdefiziten und hat es auf die Teilnehmer der Massenkommunikation einen vergleichbaren Einfluss, dann lässt sich die Sondersituation der Rundfunkdogmatik auch für die Onlineangebote begründen.[387] Sind solche Strukturen und Defizite aber nicht vorhanden, fehlt es an der Legitimationsgrundlage für den öffentlich-rechtlichen Rundfunk im Internet.[388]

a) Funktionsangleichung von klassischem Rundfunk und Internet

Zunächst ist festzuhalten, dass das Internet von der Mehrheit der Bevölkerung für Funktionen genutzt wird, die zuvor ausschließlich durch den klassischen Rundfunk erfüllt wurden.[389] Es wird erkennbar, dass das Internet sowohl was die quantitative Nutzungsdauer als auch die qualitative inhaltliche Nutzung anbelangt, die gesellschaftliche Funktion des klassischen Rundfunks schrittweise übernimmt.

---

384 *Korte* AöR 2014, 395.
385 *Martini* DVBl. 2008, 1480.
386 BVerfGE 119, 181, 214f.
387 Vgl. *Lenski* Verwaltung 2012, 477f.
388 Vgl. *Gersdorf* 2009, 95.
389 Vgl. auch *Witt* 2007, 115, jedoch gestützt auf Zahlen aus dem Jahr 2003.

aa) Verbreitung der Internetnutzung und Nutzungsdauer

Mittlerweile nutzen 58 Prozent der Bevölkerung täglich das World Wide Web (41 Mio. Deutsche) und 79,1 Prozent mindestens gelegentlich (55,6 Mio. Deutsche).[390] Gleichzeitig besitzen 84 Prozent der deutschen Haushalte einen Internetzugang[391]. Die Verfügbarkeit und die Nutzung von Internetzugängen wachsen seit Jahren, auch wenn sich seit dem Jahr 2004 die Wachstumskurve abgeschwächt hat. Neun von zehn der bis 60-Jährigen sind online aktiv. Allein die älteren Bevölkerungsteile (über 60 Jahre) sind noch zur Mehrheit nicht mit dem Internet vertraut.[392] Doch selbst diese Bevölkerungsgruppe beginnt mehr und mehr, die Onlinekommunikation zu nutzen.[393]

Der Trend in die Richtung einer vollständigen Webnutzung ist zudem deutlich absehbar. Junge Menschen in der Ausbildung sowie die Bevölkerungsgruppe der 14- bis 19-Jährigen sind bereits seit dem Jahr 2010 zu 100 Prozent im Internet aktiv, von den 20- bis 29-Jährigen im Jahr 2014 waren es 99,4 Prozent, von den 29- bis 39-Jährigen 97,4 Prozent und selbst von den 39- bis 49-Jährigen noch 93,9 Prozent.[394]

Unterstützt wird die Verbreitung und Nutzung des Internets durch die hohe Attraktivität und leichte Bedienbarkeit von Smartphones und Tablet-Computern, die mobile Onlineverbindungen nutzbar machen. Im Jahr 2014 hatten 63 Prozent der Deutschen im Alter von über zehn Jahren einen mobilen Internetzugang (entweder über ein Smartphone, über eine UMTS/GPRS-Mobilfunkverbindung oder über ein drahtloses Netzwerk).[395]

Die tägliche Verweildauer der Nutzer im Internet lag im Jahr 2014 mittlerweile bei durchschnittlich 166 Minuten.[396] Dies ist insofern relevant, da sich seit dem Jahr 2011 die Dauer der Fernsehzeit über ein Fernsehgerät verringert hat. Die tägliche Fernsehdauer im Jahr 2013 betrug durchschnittlich 221 Minuten und unter der Bevölkerungsgruppe der 19- bis 49-Jährigen nur noch 182 Minuten.[397] Während die Nutzung des klassischen (Fernseh-)Rundfunks damit erstmals in der täglichen Dau-

---

[390] Vgl. *Birgit van Eimeren/Beate Frees*, Ergebnisse der ARD/ZDF-Onlinestudie 2014, in: Media Perspektiven 2014, 378-396, 379.

[391] Vgl. *Statistisches Bundesamt*, Fachserie 15, Reihe 4, Private Haushalte in der Informationsgesellschaft 2014, Wiesbaden 2015b, 9.

[392] Vgl. *ARD/ZDF-Onlinestudie* 2014, 379.

[393] Vgl. *ARD/ZDF-Onlinestudie* 2014, 379.

[394] Vgl. *ARD/ZDF-Onlinestudie* 2014, 380.

[395] Vgl. *Statistisches Bundesamt*, Fachserie 15, Reihe 4, 2015b, 22.

[396] Vgl. *ARD/ZDF-Onlinestudie* 2014, 383.

[397] Vgl. *Statistisches Bundesamt*, Statistisches Jahrbuch 2014, Wiesbaden 2014, 205.

er sinkt, steigt im gleichen Zeitraum die Internetnutzungsdauer an und erreicht ein nahezu vergleichbares Niveau in der besonders relevanten Bevölkerungsgruppe der 19- bis 49-Jährigen.

Neben der täglichen Fernsehdauer hat sich seit dem Jahr 2004 auch der Anteil der Fernsehzuschauer an der Gesamtbevölkerung insgesamt kontinuierlich von 75,8 Prozent auf 71,4 Prozent im Jahr 2014 verringert.[398] Die sich erkennbar verändernde Mediennutzung betrifft insbesondere die jungen nachwachsenden Bevölkerungsteile. Zu dem gleichen Ergebnis kommen auch Vowe und Henn: „Dies ist kein kurzfristiger Ausreißer, sondern ein langfristiger Trend. Die nachrückenden Kohorten wenden sich vom Fernsehen ab, und sie wenden sich vor allem anderen Medien zu. Ihre Aufmerksamkeit wird von anderen Angeboten gefesselt, insbesondere von den Sozialen Netzwerken. Diese Verschiebungen sind nicht so zu erklären, dass sich die Rezipienten erst dem Fernsehen zugewandt und dann wieder abgewandt hätten. Vielmehr sind diese Gruppen in einer Medienwelt groß geworden, in der die Stellung des Fernsehens bereits relativiert war: Für die »Digital Natives« stehen Online-Medien selbstverständlich an erster Stelle und dabei wird es bleiben. Diese Kohorten werden nicht wieder in eine Kultur des linearen Fernsehens zurückfinden, wenn sie älter geworden sind, sondern sie werden ihre eigenen Nutzungsformen auf der Basis von Online-Medien entwickeln. Das bedeutet: Je älter diese Kohorten werden und je mehr weitere Jahrgänge nachwachsen, die wiederum andere Nutzungsformen entwickelt haben, desto stärker wird der Rückgang des klassischen Fernsehens sein."[399]

bb) Informationsfunktion des Internets

Dem World Wide Web wird von seinen Nutzern als die wichtigste Funktion der Zweck der Informationssuche zugeschrieben (82 Prozent der Nutzer), die Nutzung von Suchmaschinen liegt damit gleichauf und auch das Abrufen von Nachrichten wird von 49 Prozent der Internetnutzer als wichtige Funktion benannt.[400] Das Internet dient entsprechend seiner Funktionslogik der direkten Bereitstellung und zum

[398] Vgl. *Arbeitsgemeinschaft Fernsehforschung*, Anteil der Seher in % an der Gesamtbevölkerung: »https://www.agf.de/daten/tvdaten/seher/« (Stand 31.10.2015).

[399] *Gerhard Vowe/Phillip Henn*, Leitmedium Fernsehen?, in: Bundeszentrale für politische Bildung (Hrsg.), Dossier Medienpolitik vom 06.10.2014: »http://www.bpb.de/gesellschaft/medien/medienpolitik/172063/leitmedium-fernsehen?p=all« (Stand 31.10.2015).

[400] Vgl. *ARD/ZDF-Onlinestudie* 2014, 386.

direkten Abrufen von Informationen.[401] Aufgrund der unüberschaubaren Menge an Informationen im Onlinebereich und der Tatsache, dass die exakten Internetadressen beim Nutzer namentlich in den meisten Fällen unbekannt sind, bedarf es der Zwischenschaltung von Suchmaschinen, die gezielt anhand von Algorithmen Internetseiten auf einen gesuchten Begriff verlinken. Insbesondere der Suchmaschinenbetreiber Google konnte dabei weltweit ein herausragendes Nutzungsmonopol aufbauen.[402]

Das Internet hat sich aufgrund seiner Fülle an Informationen und aufgrund seiner leichten Bedienbarkeit der Abrufung dieser Informationen zur primären Informationsquelle, insbesondere unter jungen Menschen, entwickelt. Für den Bereich der Informationsfunktion kann damit festgehalten werden, dass das Internet sich an die Bedeutung des Fernsehens als Informationsquelle mindestens hat angleichen können, wenn nicht gar hat überholen können.[403] Zu gleichen Ergebnissen kommt auch die Erziehungswissenschaft, wenn sie feststellt, dass Schüler[404] und Studenten[405] ihre Onlinenutzung deutlich in ihre Lernzeiten einbinden.

cc) Unterhaltungsfunktion

Auch für den Bereich der Internetnutzung zum Zweck der Unterhaltung ist ein deutlicher Anstieg in den Nutzungszahlen erkennbar. *Videoplattformen* wie z.B. YouTube wurden im Jahr 2014 im Vergleich zum Jahr 2007 doppelt so stark genutzt (mindestens gelegentlich: 64 Prozent; mindestens einmal wöchentlich: 34 Prozent).[406] Insgesamt werden die verschiedenen Videoinhalte im Internet von 75 Prozent der Nutzer regelmäßig angewählt (die Bevölkerungsgruppe der 14- bis 29-Jährigen sogar 94 Prozent).[407] Die Motive für die stärkere Nutzung von Videoinhalten aus dem Internet, verglichen mit dem Konsum des Fernsehangebotes, liegen dabei betont auf der direkten Suche des Rezipienten nach seinen gewünschten In-

---

401 Zu den Auswirkungen der Informationsverbreitung und -abfrage in Echtzeit auf den Journalismus siehe *Axel Schwanebeck*, Informationsdistribution in Echtzeit, in: *Michael Schröder/Axel Schwanebeck* (Hrsg.), Live dabei. Echtzeitjournalismus im Zeitalter des Internets, Baden-Baden 2014, 9-19.

402 Vgl. *Becker* 2013, 189ff.

403 Vgl. *Witt* 2007, 115.

404 Vgl. *Ulrike Braun*, Exzessive Internetnutzung Jugendlicher im familialen Kontext, Wiesbaden 2014, 36.

405 Vgl. *Kerstin Mayrberger/Patrick Bettinger*, Entgrenzung akademischen Lernens mit mobilen Endgeräten, in: *Rudolf Kammerl/Petra Grell/Alexander Unger/Theo Hug*, Jahrbuch Medienpädagogik 11, Wiesbaden 2014, 155-172, 158.

406 Vgl. *ARD/ZDF-Onlinestudie* 2014, 388.

407 Vgl. *ARD/ZDF-Onlinestudie* 2014, 389.

halten und in der Unabhängigkeit des Zugriffs von Zeit, Ort und Sendeplan des TV-Programms.[408]

Der Abruf der Videoinhalte hat mittlerweile auch den Anteil der Nutzung von Audioinhalten übertroffen. Unter den Audioangeboten im Onlinebereich sind zudem die am häufigsten abgerufenen Dienste die Livestreams der Radiosender (von 28 Prozent der im Internet Aktiven).[409]

Zusammenfassend lässt sich für die Unterhaltungsfunktion des Internet ebenfalls ein starker Anstieg in der Rezeption verzeichnen. Besonders unter den jungen Menschen werden unterhaltende Inhalte online abgerufen. Dass sich das Nutzerverhalten weiter auf den Online-Bereich verlagern wird, scheint absehbar. Das Internet wird damit nicht nur für Informationszwecke, sondern auch für Unterhaltungszwecke immer stärker frequentiert. Es bietet im direkten Vergleich mit dem Fernsehen eine komfortablere und an individuelle Interessen besser angepasste Bedienbarkeit. Damit kann, insbesondere für die jungen Bevölkerungsteile, von einer Funktionsangleichung von Internet und klassischem Rundfunk gesprochen werden. Damit ist nicht gesagt, dass der klassische Rundfunk seine Funktion verliert, was angesichts der nach wie vor hohen Fernsehdauer haltlos wäre. Doch es ist ebenso offensichtlich, dass die Internetnutzung nach Dauer, Verbreitung und inhaltlicher Funktion an die klassische Rundfunknutzung aufschließt.

b) Aktualität der Internetkommunikation

Die besondere Rolle des Rundfunks und die daraus folgende gesetzlich auszugestaltende Rundfunkordnung begründete das Bundesverfassungsgericht auch mit der *Aktualität* der Rundfunkkommunikation.[410] „Die durch die Produktions- und Verbreitungstechnik des Rundfunks ermöglichte Aktualität der vermittelten Inhalte erzeugt beim Rezipienten den Eindruck der Teilhabe am Geschehen und motiviert dazu, sich meinungsbildend damit auseinanderzusetzen."[411] Die Aktualität des Rundfunks trägt deshalb einen großen Teil dazu bei, eine besondere Wirkung auf den Empfänger zu entfalten, die andere Formen der Massenkommunikation nicht aufweisen.

Wenn nun bereits für den klassischen Rundfunk auf dem technischen Stand des Jahres 1991 eine besondere Aktualität und die damit verbundene Wirkung auf den

---

[408] Vgl. *ARD/ZDF-Onlinestudie* 2014, 390.
[409] Vgl. *ARD/ZDF-Onlinestudie* 2014, 390.
[410] BVerfGE 90, 60, 87.
[411] *Wolfgang Schulz*, in: *Werner Hahn/Thomas Vesting* (Hrsg.), Beck´scher Kommentar zum Rundfunkrecht, 3. Aufl., München 2012, § 20, Rn. 64.

Rezipienten festgestellt wurden, so müsste dies für die Internetkommunikation im Jahr 2015 erst recht gelten. Die Onlinekommunikation baut gerade darauf auf, dass sie ohne zeitliche Verzögerung Informationen über den gesamten Globus transportieren kann. Das Internet profitiert in dieser Hinsicht eindeutig davon, dass es im Gegensatz zu Rundfunksendungen in Radio oder Fernsehen keinem zuvor festgelegten Sendeplan folgen muss. Auch in diesem Aspekt zeigt sich erneut das entstandene Informationsmonopol des Internets. Wer sich unmittelbar über Nachrichten oder Geschehnisse informieren möchte, muss nicht mehr auf die Abendnachrichten im Fernsehen oder auf die stündliche Nachrichtensendung im Radio warten, sondern kann sich direkt online informieren. Besonders im Falle von rasanten Entwicklungen oder bedeutsamen Nachrichten bietet das Internet die Quelle für die aktuellste Erstinformation. Das kann sich beispielsweise bei Livetickern über die Verhandlungen der internationalen Politik zeigen, oder über die Ergebnisse von großen Sportereignissen. Ein weiteres Indiz für die Aktualität der Internetkommunikation ist, dass bereits online eingestellte Beiträge wieder verändert und aktualisiert werden können, sollte es neue Erkenntnisse oder Fakten zu einer Nachricht geben. Eine gedruckte Zeitung oder eine einmal ausgestrahlte Sendung im Fernsehen kann nicht mehr nachträglich verändert oder aktualisiert werden. Häufig abgerufene Internetseiten werden mittlerweile nicht mehr nur täglich, sondern minütlich aktualisiert. Das gilt ebenso für die Onlineaktivitäten der Rundfunkanstalten. Der Rezipient hat hierbei noch stärker das Gefühl, direkt am Geschehen dabei zu sein, als es bei aktuellen Beiträgen in Fernsehen oder Hörfunk der Fall ist.

Was einerseits der große Vorteil und Reiz der Internetkommunikation ist, kann andererseits auch zur Gefahr avancieren. Die rasante Verbreitung von Informationen kann dazu verleiten, behauptete Tatsachen unreflektiert und nicht überprüft weiterzuleiten. Eine noch junge aber unter diesem Aspekt bedeutende Entwicklung hat das Internet mit dem Kurznachrichtendienst Twitter gemacht. Dabei kann jedermann einen Text von maximal 160 Zeichen in die Welt senden, der unter der Angabe von hervorgehobenen Schlagwörtern eine Kurzinformation publiziert. Mittlerweile verbreiten sich Neuigkeiten über den Dienst Twitter in solcher Rasanz, dass selbst Nachrichtenagenturen in ihrer Aktualität überholt werden.[412]

Demzufolge besitzt das World Wide Web im Vergleich zum klassischen Rundfunk sogar eine höhere Aktualität. Neben der flächendeckenden Verbreitung der Onlinezugänge und der konstatierten Funktionsangleichung zwischen Internet und klassischem Rundfunk bietet also auch das Kriterium der Aktualität einen Hinweis darauf, dass die „Sonderstellung" des Rundfunks auch im Internet gelten könnte.

---

[412] Vgl. *Gudrun Riedl*, „Immer auf Sendung", in: *Schröder/Schwanebeck* 2014, 77-82, 80.

Dies kann jedoch erst abschließend festgestellt werden, wenn die Netzkommunikation eine vergleichbare Suggestivkraft aufweist oder es Defizite in der Meinungsvielfalt im Internet zu erkennen gibt.

c) Zur Suggestivkraft der Internetkommunikation

Klassischen Rundfunkangeboten wird eine suggestive Wirkung auf den Rezipienten zugeschrieben, weil sie besonders durch die Kombination von bewegtem Bild und Ton eine Realitätsnähe und Überzeugungskraft besitzen. Andere Kommunikationsmedien, wie zum Beispiel reiner Text, können im Vergleich nicht dieselbe Wirkung erreichen. Diesem Einfluss und dieser authentischen Wirkung kann sich der Rezipient nicht entziehen.[413] Die erhöhte Authentizität der Bewegtbilder kann ein Gefühl des „Miterlebens" erzeugen[414] und ein bedeutendes Missbrauchspotential mit sich bringen.[415]

aa) Literaturmeinungen zur Suggestivkraft von Onlineangeboten

Dass diese suggestive Wirkung des Rundfunks auch im Internet vorhanden ist, wird jedoch von einem Großteil der Literatur abgelehnt.[416] Lediglich jene Rundfunkprogramme, die wie der klassische Rundfunk entlang eines Sendeplanes übertragen werden (Livestreams), könnten dieser Ansicht nach die gleiche Suggestivkraft erreichen.[417] Es wird vorgetragen, dass die Onlineangebote deshalb keine Suggestivkraft besitzen können, weil der Empfänger die Inhalte selbst zusammenstellen und heraussuchen muss. Dadurch entfalle jene Wirkung auf den Rezipienten, wonach er sich dem Rundfunkprogramm nicht entziehen kann. Onlineinhalte hätten daher keine hohe Faszinationskraft, und stellten ebenso keine Manipulationsgefahr für die Rezipienten dar.[418] Den Onlineangeboten fehle es also am „kontinuierlich ablau-

---

413 Vgl. *Witt* 2007, 82.

414 BVerfGE 97, 228, 256.

415 Vgl. *Korte* AöR 2014, 396.

416 Vgl. *Ladeur* ZUM 2009, 910; *Degenhart* CR 2011, 236; *Lenski* Verwaltung 2012, 479; *Korte* AöR 2014, 397.

417 Vgl. *Korte* AöR 2014, 397; *Lenski* Verwaltung 2012, 477; *Degenhart* CR 2011, 234; a. A. bei BVerfGE 119, 181, 214f; BVerfGE 121, 30, 51, wonach durch die neuen Technologien und durch das Internet die besonderen Suggestivkräfte des Rundfunks „zusätzliches Gewicht dadurch [gewinnen], dass die neuen Technologien eine Vergrößerung und Ausdifferenzierung des Angebots und der Verbreitungsformen und -wege gebracht sowie neuartige programmbezogene Dienstleistungen ermöglicht haben."

418 Vgl. *Korte* AöR 2014, 397.

fenden Gesamtprogramm"[419]. Außerdem strahlten die Onlineangebote weniger Authentizität aus, da ihr Wahrheitsgehalt jederzeit überprüft werden könnte.[420] Vielfaltsverengende Zustände seien deshalb im World Wide Web nicht erkennbar, weshalb sich daraus auch kein Auftrag für eine „dienende" Rundfunkfreiheit im Internet ergeben könne. Defizite in der Kommunikationsstruktur des Internets, die es auszugleichen gelte, seien nicht existent.[421] Vielmehr stelle der Onlinebereich ein Paradebeispiel für ein pluralistisches Kommunikationssystem dar, was Vielfaltsdefizite ausschließe.[422] Zudem finden sich auch regelmäßig Stimmen, die das Konzept der Suggestivkraft insgesamt anzweifeln.[423]

In der Konsequenz dieses Meinungsbildes sehen die Autoren auch keine Notwendigkeit einer „dienenden" Freiheit im Onlinebereich, der deshalb auch öffentlich-rechtliche Angebote unzulässig erscheinen ließe.

bb) Kritik der Literaturmeinung

Die in der Literatur vorgebrachten Meinungen sind nicht überzeugend. Sie verkennen aktuelle Strukturen und Entwicklungslinien im Onlinebereich. Das vielfach vorgebrachte Argument, eine Suggestivkraft der Onlineangebote sei bereits deshalb ausgeschlossen, weil der Empfänger selbst das Programm und die Inhalte wählt, die er sehen oder hören möchte, ist bei näherer Betrachtung kaum aussagekräftig. Einerseits lässt sich diese Auswahlmöglichkeit mittlerweile auch für das Fernsehen registrieren. Es ist eine an der Lebenswirklichkeit vorbeigehende Vorstellung, dass der Fernsehzuschauer vollkommen passiv das Fernsehgerät ein- und ausschaltet und das zu diesem Zeitpunkt gesendete Programm hinnimmt. Vielmehr ist sich der heutige Fernsehzuschauer der Programmvielfalt aufgrund der hohen Anzahl an empfangbaren Fernsehsendern bewusst. Und neben der großen Auswahl an Sendern[424] gibt es eine noch viel größere Auswahl an einzelnen Sendungen, die der Zuschauer gezielt einschaltet um sie zu sehen. Nur so lassen sich unterschiedliche Einschaltquoten von beliebten Sendungen und Spartenprogrammen erklären. Damit ist bereits die erste Aussage getroffen: Auch Rezipienten des klassischen Rund-

---

419 *Lenski* Verwaltung 2012, 479.
420 Vgl. *Korte* AöR 2014, 398.
421 Vgl. *Degenhart* CR 2011, 236.
422 Vgl. *Röger* ZRP 1997, 207; *Rudolf Wendt*, in: *Ingo von Münch/Philip Kunig*, Grundgesetz Kommentar, 6. Aufl., München 2012, Art. 5, Rn. 58.
423 Vgl. *Lenski* Verwaltung 2012, *Gersdorf* AfP 2010, 425; *Christoph Neuberger*, Medienrecht und Medienwandel aus kommunikationswissenschaftlicher Sicht, AfP 2009, 537-541, 538.
424 Im Jahr 2014 gab es insgesamt 421 private TV-Sender, vgl. *Arbeitsgemeinschaft der Landesmedienanstalten*, Jahrbuch 2013/2014, Berlin 2014, 45.

funks haben eine deutlich individuellere Auswahlmöglichkeit als es die Literatur behauptet.[425]

Zweitens, und das konnte man bereits im Jahr 1997 feststellen, kann man auch das Internet, oder zumindest bestimmte Teile davon, als ein geschlossenes Gesamtprogramm ansehen, das man mittels ein- und ausschalten (Online-gehen und Offline-gehen) aufsucht und die dortigen Inhalte empfängt.[426] Videoportale oder Archive mit Audiodateien können ein zusammenhängendes Programm mit einzelnen inhaltlichen Einheiten darstellen. Damit zeigt sich, dass die Vorstellung, der klassische Rundfunk sei sendergesteuert und die Internetkommunikation sei empfängergesteuert, viel zu schematisch ist, um daraus ernsthafte Schlüsse zu ziehen.

Ein ebenso inhaltlich schwaches Argument ist, dass Onlineangebote nicht über Authentizität verfügen würden und daher nicht suggestiv wirkten, weil sie jederzeit überprüfbar seien. Man möchte fragen, ob Informationen aus dem Fernsehen oder dem Radio nicht ebenfalls überprüfbar sind? Entweder liegt diesem Argument ein sehr passives Verständnis des Fernsehzuschauers zugrunde oder aber es ist nur ein Scheinargument. Selbstverständlich lassen sich Informationen im Internet überprüfen, egal ob sie aus Presse, Rundfunk oder Onlineangeboten stammen. Und besonders im Internet werden sich aufgrund der Informationsflut für jede Meinung auch Gegenmeinungen und für jeden Fakt ein Gegenfakt finden lassen. Doch liegt gerade die immer wieder betonte Gefahr für die Meinungsbildung darin, dass es ungenügende oder verfälschte Informationen zu einer großen Verbreitung unter den Rezipienten der Massenkommunikation schaffen können. Warum soll ein Onlinevideo nicht suggestiv wirken, weil es auf seine Authentizität hin überprüft werden kann, wenn einer Fernsehsendung hingegen, die man gleichwohl auf ihre Richtigkeit hin untersuchen kann, Suggestivkraft zugesprochen wird? In jedem Fall ist es widersprüchlich, für Rundfunkprogramme Suggestivkraft anzuerkennen, sie gleichzeitig den Onlineangeboten jedoch abzusprechen, wenn beide gleichermaßen überprüfbar sind.

Zwei weitere Argumente der Literatur sollen im Nachstehenden eingehender besprochen werden. Zunächst ist es sehr fraglich, ob die Behauptung, Onlineangebote besäßen keinerlei *Faszinationskraft und Manipulationsgefahr*, wirklich fundiert ist (B. II. 2. cc). Und zweitens vermag man auch an der Behauptung, das Internet un-

---

[425] Das was man bereits in den 1990er Jahren „Zapping" nannte, dürfte sich aufgrund der Senderanzahl nur noch verstärkt haben. Außerdem wurde der Zuschauer durch die Möglichkeit, mittels Videorekorder oder aber automatisch installierter Festplattenrekorder gewünschte Sendungen auf ein Speichermedium aufzunehmen und dann zu einem eigens gewünschten Zeitpunkt anzusehen, zur individuellen Auswahl befähigt.

[426] Vgl. *Röger* ZRP 1997, 205. Dazu ausführlicher weiter unten.

terliege keinerlei *Vielfaltsdefiziten*, berechtigterweise zweifeln, betrachtet man die *Werbelogik*, die hinter der Finanzierung vieler Onlineangebote steht (B. II. 2. dd).

cc) Argumente für die Suggestivkraft von Online-Angeboten am Beispiel von Video-Plattformen

Der Meinungsstand der Literatur, der eine Suggestivkraft von Onlineangeboten nicht zu erkennen vermag, kann vorliegend nicht geteilt werden. Denn es gibt bedeutende Anzeichen dafür, dass der Rundfunk, der über das Internet verbreitet wird, ebenfalls eine faszinierende und beeinflussende Wirkung auf den Rezipienten haben kann. Diese hier vertretene These soll am Beispiel von Video-Plattformen exemplifiziert werden.

Es muss zugestanden werden, dass die Literaturmeinungen, die den Onlineangeboten die Suggestivkraft absprechen, durchaus nachvollziehbar sind. Denn wenn man sich die technischen Bedingungen von früheren Videoangeboten ins Gedächtnis ruft, zeigt sich, dass Onlinevideos Langezeit von einer sehr niedrigen Qualität geprägt waren. Eine „Bewegtbilddarstellung, die im Format von ca. 5 x 10 cm, also nicht einmal in Postkartengröße, auf dem Bildschirm mit niedriger Auflösung und »ruckelnd« daherkommt, also mit dem gewohnten Fernsehbild in keiner Weise vergleichbar ist“[427] dürfte in der Tat kaum faszinierend auf den Empfänger wirken, dem ist zuzustimmen. Doch es sind mittlerweile Entwicklungen erkennbar, durch die die Videoangebote im Internet[428] wesentlich technisch aufwendiger, professioneller und vor allem auch kommerzieller geworden sind.

Seit dem Jahr 2010 erlaubt es die Video-Plattform YouTube, Videodateien mit einer Auflösung von 4096 x 2304 Pixel (Bildpunkte) bei einer sekündlichen Bildwiederholungsrate von 60 Bildern zu veröffentlichen.[429] Das bedeutet, dass jeder Bildabschnitt eines Videos bis zu über 9 Millionen Bildpunkte besitzen kann. Da-

[427] *Hochstein* NJW 1997, 2980.

[428] Es wird sich im Folgenden auf die Video-Plattform YouTube bezogen, da sie monatlich von 38 Millionen Unique Usern (also einzelne Nutzer, nicht Klickzahlen) aufgerufen wird und damit eindeutiger Marktführer der Video-Plattformen in Deutschland ist, vgl. *Bertram Gugel*, Sind YouTube-Netzwerke die neuen Sender? in: *Arbeitsgemeinschaft der Landesmedienanstalten*, Digitalisierungsbericht 2014, Berlin 2014, 19-33, 19 unter Verweis auf *comScore market rankings*: »http://www.comscore.com/Insights/Market-Rankings/Germany-Top-20-January-2014« (Stand 31.10.2015).

[429] Vgl. *Heise Online*: »http://www.heise.de/newsticker/meldung/YouTube-zeigt-4K-Videos-mit-60-Hertz-2586622.html« (Stand 31.10.2015).

mit wird auch das im klassischen Fernsehbereich weit verbreitete sogenannte hochauflösende „HD-Fernsehen" um ein vielfaches Übertroffen.[430]

Gleichzeitig haben sich die Endgeräte zum Abspielen dieser Videoformate technisch fortentwickelt. Laptops werden zumeist in standardisierten Größen mit Bildschirmdiagonalen von 13 bis 17 Zoll (ca. 33 bis 43 cm) und werksmäßig integrierten HD-Grafikkarten angeboten. Neben den tragbaren Laptops werden für feststehende Rechner üblicherweise Monitore für den Arbeitsplatz angeboten, die Bildschirmdiagonalen zwischen 24 und 28 Zoll (ca. 60 bis 71 cm) besitzen.[431] In technischer Hinsicht haben Internetvideos, was ihre Auflösung anbelangt, das klassische Fernsehsignal und sogar das jüngere hochauflösende HD-Fernsehen überholt. Überdies nähern sich die Bildschirmgrößen der verschiedenen Endgeräte (abgesehen von Smartphones) aneinander an. Dank der Vollbildfunktion der heutigen Video-Plattformen und aufgrund des flächenmäßig weit verbreiteten schnellen Onlinezugangs kann damit in Sekundenschnelle auf hochauflösende Videodateien zugegriffen werden. Wurde also noch vor wenigen Jahren dem Internetrundfunk eine suggestive Wirkung aufgrund seiner fehlenden technischen Qualität zu Recht abgesprochen, so kann dieses Argument im Jahr 2015 nicht mehr gelten.

Neben dem technischen Aspekt ist aber besonders der *inhaltliche Wandel* der Videoangebote hervorzuheben. In den jüngsten Jahren hat eine *Professionalisierung* der Onlinevideovermarktung eingesetzt, die mit der früheren Verbreitung von kurzen Amateurvideos nichts mehr gemein hat. Die Professionalisierung auf den Onlinevideoplattformen hat viele Parallelen mit der Entwicklung des Privatfernsehens. Üblicherweise eröffnet derjenige, der ein Video auf der Plattform YouTube einstellen möchte, einen eigenen „Kanal" (Channel) mit einem bestimmten Kanal-Namen und kann über diese Signatur Videos hochladen. Die angemeldeten Personen waren zumeist Private, die bestimmte Inhalte verbreiten wollten, ohne kommerzielle Absichten. Mittlerweile jedoch hat sich dies deutlich geändert. YouTube lässt sogenannte „Multi-Channel-Netzwerke" zu. Diese Netzwerke sind profitorientierte Unternehmen, die eine Vielzahl von einzelnen Kanälen erstellen, bündeln, finanziell und technisch ausstatten und zielgerichtet vermarkten.[432] Die vier größten Netzwerk-Unternehmen in Deutschland sind „DiviMove" (unter Beteiligung von Bertelsmann), Mediakraft, Studio 71 (zu 100 Prozent im Besitz von

---

[430] Die Auflösung eines HD-Programmes im Fernsehen beträgt 1280 x 720 Pixel, was weniger als eine Millionen Bildpunkte ergibt. Auch YouTube bietet seit 2009 die einfache HD-Auflösung an, vgl. *YouTube*: »http://youtube-global.blogspot.de/2009/11/1080p-hd-comes-to-youtube.html« (Stand 31.10.2015).

[431] So das bundesweit einheitliche Angebot des Elektronikherstellers *Media Markt*: »www.mediamarkt.de« (Stand 31.10.2015).

[432] Vgl. *Gugel* 2014, 20.

ProSiebenSat.1) und TubeOne (unter Beteiligung von Ströer).[433] Innerhalb dieser Netzwerke werden jeweils zwischen 80 und 1400 Kanäle organisiert und vermarktet.[434] Die Leistungen der Netzwerke für diese Kanäle bzw. deren Inhaber sind breit gefächert. Es wird durch das einheitliche Netzwerk eine größere Reichweite und eine gezieltere Vermarktung erreicht, außerdem unterstützen die Netzwerke die Videoproduzenten mit technischer Ausstattung oder auch mit Lizenzen für bestimmte geschützte Musik- oder Videoinhalte.[435] Für den Zuschauer sind diese Strukturen jedoch nicht erkennbar. Die einzelnen Kanäle sollen nach wie vor als von einer Privatperson produziert wirken. Dass die Inhaber der einzelnen „Kanäle" tatsächlich aber über das hinter ihnen stehende „Multi-Channel-Netzwerk" für einzelne Aufträge gebucht werden können und dann entsprechend dem Kundenwunsch der Sendungsinhalt produziert wird, ist für den Zuschauer nicht erkennbar.[436]

Finanziert werden sowohl die Netzwerk-Unternehmen als auch die einzelnen Kanalinhaber einerseits über die Plattform YouTube selbst, die entsprechend der „Klickzahlen" Werbeeinnahmen generiert und davon Anteile an die Videoproduzenten ausschüttet.[437] Andererseits ist ein erhebliches Maß von Produktplatzierung und Schleichwerbung in dieser neuen Form der Videovermarktung ersichtlich.[438]

Der für den Zuschauer primär zu erkennende Inhalt wird dabei subtil von bestimmten Produkten und weiterführenden Werbeinhalten begleitet. Videos, die als primären Inhalt Reiseberichte[439] und Schminktipps[440] darstellen oder ein angebliches Privatvideo über die eigene Schuhsammlung[441] sein sollen, werden gezielt mit Markennamen, Produkterklärungen und -hinweisen versehen und die entsprechenden Kaufoptionen entweder direkt im Video erwähnt oder als Link unterhalb des

433 Vgl. *Gugel* 2014, 25.
434 Vgl. *Gugel* 2014, 25.
435 Vgl. *Gugel* 2014, 21.
436 Vgl. *Gugel* 2014, 22.
437 Vgl. *YouTube*, Kriterien für die Monetarisierung von Videos: »https://support.google.com/youtube/answer/97527« (Stand 31.07.2015); zur Funktionsweise des „Targeting", bei dem der Besucher von Webseiten markiert wird, um eine größere Menge an Daten über ihn zu sammeln und daraus werberelevante Informationen zu gewinnen vgl. *Nils Hachen*, Evolution digitaler Kampagnenkonzeption und -steuerung, in: *Oliver Busch* (Hrsg.), Realtime Advertising, Wiesbaden 2014, 135-144, 136ff.
438 Vgl. *Martin Schirmbacher*, Online-Marketing und Recht, Heidelberg 2011, 342.
439 Vgl. *Kanal „unge"*: »https://www.youtube.com/watch?v=dXx-t4i0aCA« (Stand 31.10.2015).
440 Vgl. *Kanal „Sami Slimani"*: »https://www.youtube.com/watch?v=fAY-vaO7KXA« sowie der Kanal *„BibisBeautyPalace"*: »https://www.youtube.com/watch?v=i1NbYIFC8pk« (Stand 31.10.2015).
441 Vgl. *Kanal „Dagi Bee"*: »https://www.youtube.com/watch?v=GsuDKgHrA0E« (Stand 31.10.2015).

Videofensters angezeigt.[442] Wird ein solcher Link von einem Zuschauer benutzt und daraufhin ein Kauf getätigt, erhält der Kanalinhaber eine Provision für diesen Verkauf.[443]

Unterhalb des Video-Fensters dieser Video-Kanäle, die einem „Multi-Channel-Netzwerk" zugehören, finden sich standardisierte Verlinkungen, über die man beispielsweise die Kamera und das Computerprogramm[444], mit dem das Video geschnitten wurde oder aber das aktuell erschienene Buch des Kanalinhabers[445] oder dessen Skateboard[446] usw. erwerben kann. Die Videos der Kanäle, die den Netzwerken angehören, sind durchweg professionell produziert und können auch in Auflösungen (1920 x 1080 Bildpunkte) abgerufen werden, die das hochauflösende Fernsehen übertreffen. Noch gewichtiger aber erscheint der Umstand, dass viele Kanäle nicht nur zusammenhangslos Videos erstellen, sondern dass die Kanäle längst dazu übergegangen sind, die Videos in eine programmliche Serienlogik einzupassen. Dabei werden beispielsweise aktuelle Computerspiele in einzelnen Sendungen zu je ca. 15 bis 30 Minuten vorgestellt. Eine Programmreihe für einzelne Spiele kann dabei bis zu 50 und mehr Folgen umfassen.[447] Die einzelnen Folgen erscheinen dabei täglich und schaffen es, den Zuschauer zum täglichen Einschalten zu animieren. Probematisch ist hierbei, dass auch Videos verbreitet werden, die jugendgefährdende Inhalte darstellen, etwa indem Computerspiele, die mit FSK 18 bewertet sind und damit keine Jugendfreigabe gemäß § 14 Abs. 2 JuSchuG gestat-

---

442 *Koreng* 2010, 76 bringt das Argument an, dass die Meinungs- und Werbemacht der Internetveranstalter durch bestimmte Browser-Plugins umgangen werden könne, da sich mithilfe dieser Programme gezielt jede Werbung auf den Internetseiten ausschalten ließe. Doch gerade durch die Vermischung von Videoinhalt und Werbeinhalt der Abrufdienste verfehlen diese Plugins ihre Funktion, denn der Rezipient will den Videoinhalt sehen und nicht technisch ausschalten. Insofern kann die Schlussfolgerung von Koreng, wonach diese Abrufdienste keine besondere Meinungsmacht haben, gerade nicht für das Videosegment zählen.

443 Durch die Methode des Affiliate-Marketing durch sogenannte Affiliate-Links verwendet das vertreibende Unternehmen einen Werbepartner, über dessen Webseite die Produkte angepriesen werden. Wird der Kunde über diese Webseite zum Kauf des Produktes geführt, lässt sich dies technisch nachweisen und der Werbepartner erhält für die Vermittlung eine Provision, vgl. *Erwin Lammenett*, Praxiswissen Online-Marketing, 4. Aufl., Wiesbaden 2014, 43ff.

444 Vgl. die aufgeführten Links bei: »https://www.youtube.com/watch?v=i1NbYIFC8pk« (Stand 31.10.2015).

445 Vgl. die aufgeführten Links unterhalb von: »https://www.youtube.com/watch?v=fAY-vaO7KXA« (Stand 31.10.2015).

446 Vgl. die aufgeführten Links unterhalb von: »https://www.youtube.com/watch?v=dXx-t4i0aCA« (Stand 31.10.2015).

447 Vgl. beispielsweise die Sendungen unter dem *Kanal „gronkh"*: »https://www.youtube.com/playlist?list=PLGWGc5dfbzn-HX1ejbEwa2l2xMMs_9iNe« (Stand 31.10.2015).

ten, ohne Zugangshürden bereitgestellt werden.[448] Der Nutzer der Videoplattform YouTube kann unabhängig von seinem Alter auf die eingestellten Inhalte zugreifen, solange der Kanalbetreiber keine Altersbeschränkung einstellt. Im vorliegenden Fall ist dies nicht geschehen. Die Zuschauerzahlen, die sogenannten „Views", erreichen bei diesen professionell produzierten Sendeformaten regelmäßig Werte von 1 Million[449] bis zu 2,5 Millionen[450] und höhere Werte[451].

Der Videobereich im Internet zeichnet sich in den letzten Jahren durch eine deutliche Professionalisierung und Kommerzialisierung aus. Die Übernahme der Funktionsweise des klassischen Fernsehens wie die zielgruppenorientierte Auswahl der Inhalte und die entsprechende Verknüpfung mit Werbeangeboten wird offensichtlich. Diese Entwicklung haben auch die klassischen Medienunternehmen erkannt und investieren deshalb in großem Maße in die neuen Strukturen, die ihrer bisherigen Funktionsweise im Grunde sehr ähnlich ist.[452] „Netzwerke werden damit tendenziell klassischen TV-Sendern noch ähnlicher. Somit ist es nicht weiter verwunderlich, dass vor allem TV-Sender auf YouTube aktiv sind. Netzwerke erlauben es ihnen Zielgruppen zu erreichen, die sie mit ihrem klassischen Programm nur noch sporadisch ansprechen."[453] Wenn nun ausgerechnet Unternehmen des privaten Rundfunks versuchen, auf dem neuen Onlinevideomarkt Fuß zu fassen, entsteht jene Situation der *cross media Konzentration*, die zu Vielfaltsdefiziten führen kann.[454]

Der Rundfunkstaatsvertrag trennt zwar den linearen Rundfunk von den nicht linearen Telemedien ab, stellt für letztere aber gleichwohl Vorschriften für die Werbung auf. Auch bei Telemedien muss gemäß § 58 Abs. 1 RStV die Werbung „als solche klar erkennbar und vom übrigen Inhalt der Angebote eindeutig getrennt sein." Weiterhin gelten für fernsehähnliche Telemedien, wie es die Inhalte dieser Kanäle erkennbar sind, gemäß § 58 Abs. 3 RStV auch die Werbevorschriften für den linearen Rundfunk. Das bedeutet, dass beispielsweise gemäß § 7 Abs. 7 RStV

---

448 Vgl. die Videoreihe für das Spiel „Outlast",
das als FSK 18 eingestuft wurde: »https://www.youtube.com/watch?v=c5hlfzcVLhY&list=PLGWGc5dfbzn86pRyW2Jy9ARpCAu4nXKlC« (Stand 31.10.2015).

449 Vgl. *Kanal „Dagi Bee"*:
»https://www.youtube.com/watch?v=ZeH8ykq6r3M« (Stand 31.10.2015).

450 Vgl. *Kanal „gronkh"*:
»https://www.youtube.com/watch?v=c5hlfzcVLhY&list=PLGWGc5dfbzn86pRyW2Jy9ARpCAu4nXKlC« (Stand 31.10.2015).

451 Vgl. *Kanal „BibisBeautyPalace"*:
»https://www.youtube.com/watch?v=SxQ4PYsUGG4« (Stand 31.10.2015).

452 Vgl. *Gugel* 2014, 29.

453 *Gugel* 2014, 31.

454 Vgl. Kapitel A. III. 2. b).

Schleichwerbung auch in Onlinevideos unzulässig ist und auf Produktplatzierungen hingewiesen werden muss. Betrachtet man jedoch die vorliegenden Kanäle mitsamt ihren Werbeinhalten, offenbart sich, dass die Regulierung der Internetinhalte durch den Rundfunkstaatsvertrag verfehlt wird und die Werbevorschriften schlicht umgangen werden. Die Hinweise auf Produktplatzierungen oder die deutliche Trennung von Programm und Werbung finden nicht statt. Ein ähnliches Umgehungsproblem wurde bereits für die Anzeigepflicht für Internetradioprogramme gemäß § 20b RStV festgestellt.[455]

Unabhängig von der einfachgesetzlichen Ausgestaltung des Rundfunkstaatsvertrages weisen die Videoinhalte nach alledem vergleichbare Strukturen wie der private Rundfunk auf: eine Finanzierung über Werbeeinnahmen, die an die Zuschauerquote gekoppelt ist, regelmäßige Sendefolgen, ein deutlicher Fokus auf Unterhaltungsinhalte. Teilweise sind die Netzwerke in direktem Besitz der privaten Medienanstalten. Die technische Realisierung wartet teilweise mit sogar besserer Qualität als das klassische Fernsehen auf. Und ein nicht zu übersehender Fakt ist, dass die jungen Generationen ohne Zweifel vom klassischen zum Onlinerundfunk wechseln.

Wurden dem privaten Rundfunk von Beginn an meinungsverengende Defizite in der Programmstruktur aufgrund der Werbefinanzierung zugeschrieben, so müssen dieselben Defizite auch für das professionelle Videosegment im Onlinebereich gelten. Denn neben der Tatsache, dass die Regulierungsvorschriften (§ 58 Abs. 3 RStV i.V.m. §§ 7 und 8 RStV) für Werbung in Telemedien nicht eingehalten werden, muss die Tatsache berücksichtigt werden, dass der Zuschauer nicht darauf hingewiesen wird, dass er nicht das Programm einer Einzelperson, sondern das Programm eines Medienunternehmens empfängt.

Die Suggestivkraft des Rundfunks beschreibt jenen Effekt der Audiovisualität, die dem Rezipienten Glaubwürdigkeit und Faszinationskraft vermittelt und manipulativ auf den Rezipienten einwirken kann. Der klassische Rundfunk besitzt diese Wirkungen. Erkennen wir nun, dass das professionelle Videosegment im Internet in den Faktoren Werbelogik, wiederkehrende Sendefolge und hohe Zuschauerzahlen mit dem klassischen Rundfunk gleichsteht und die Medienunternehmen gezielt auf den Onlinemarkt drängen und überdies das Onlinevideosegment im Punkt der technischen Qualität den klassischen Rundfunk gar übertrifft, so muss man den Schluss ziehen, dass die gleiche Suggestivkraft auch von Onlineangeboten im Videobereich ausgeht.

---

[455] Vgl. *Ory* AfP 2011, 21.

Die defizitären und meinungsbildungsverengenden Strukturen im Videosegment des World Wide Webs werden insbesondere durch die Aspekte der Umgehung von Werbevorschriften und des ungehinderten Zugangs zu Inhalten ohne Jugendfreigabe sichtbar.

dd) Strukturelle Vielfaltsdefizite im Internet

Auch abseits des hier ausführlicher untersuchten Videosegments des Internets weist der Onlinebereich generell defizitäre Strukturen auf. Das Verhältnis zwischen Informationssender und Informationsempfänger ist von einer Asymmetrie geprägt. Onlineinformationen und Internetseiten sind abrufbar, indem eine Webadresse angewählt wird. Da der Rezipient unmöglich alle Webadressen, sondern gerade einmal einen winzigen Bruchteil derer mit der vollen Bezeichnung kennt, um diese über die Adresszeile in seinem Browser direkt anzuwählen, benötigt er Suchmaschinen zur Informationsfindung. In diese Suchmaschinen wird ein bestimmter Suchbegriff eingegeben und daraufhin erscheint eine Liste an Vorschlägen von Webseiten, die den gesuchten Informationen entsprechen könnten. Die Informationssuche über Suchmaschinen ist angesichts der Datenmenge im Onlinebereich die einzige Möglichkeit, zu brauchbaren Ergebnissen zu gelangen. Suchmaschinen erfüllen damit eine Funktion der Reduzierung von Komplexität.

Im Rahmen der Informationssuche wirken die Suchmaschinen also wie Flaschenhälse. Die hierdurch erfolgte Selektionsleistung der Datenmassen im Internet zur Filterung von relevanten Informationen hat eine „fundamentale Bedeutung für die Meinungs- und Informationsfreiheit im Internet“[456]. Die Ergebnisliste wird jedoch nicht nach objektiven Kriterien, sondern nach Algorithmen erstellt, die sich für den einzelnen Nutzer nicht erschließen.[457] Webseiten, die nach der Eingabe von Suchbegriffen nicht auf oberen Plätzen der Trefferliste angezeigt werden, werden vom Rezipienten als nicht relevant eingeschätzt. Die Funktionslogik der Suchmaschinen besitzt dadurch einen bedeutsamen Einfluss auf die Informationsgewinnung und -weitergabe im Onlinebereich. Der Nutzer selbst hat keinen Einfluss auf die Parameter, nach denen der Suchalgorithmus funktioniert. Die Betreiber der Suchmaschinen besitzen folglich einen entscheidenden Einfluss auf die Meinungsbildung im Internet.[458] Dieser Effekt verstärkt sich noch durch die Möglichkeit, sich

---

[456] Vgl. *Ulrich Sieber/Marc Liesching*, Die Verantwortlichkeit der Suchmaschinenbetreiber nach dem Telemediengesetz, MMR-Beilage 8/2007, 1-30, 2.
[457] Vgl. *Carl-Eugen Eberle*, Öffentlich-rechtlicher Rundfunk und Telemedienauftrag, AfP 2008, 329-335, 330.
[458] Vgl. *Korte* AöR 2014, 400.

einen Platz unter den ersten Treffern der Suchliste gegen Bezahlung zu sichern.[459] Die Informationssuche im Netz unterliegt deshalb der Manipulation von ökonomischen Interessen. Zudem speichern die Suchmaschinen die IP-Adresse der Nutzer, um durch die Abgleichung und Sammlung ihrer Anfragen ein genaueres Profil zu erstellen, mit dem Ziel, daraus individuellere Suchergebnisse zu präsentieren. Dieses Vorgehen hat den Effekt, dass derselbe Suchbegriff bei unterschiedlichen Nutzern zu unterschiedlichen Trefferlisten führen kann und gleichzeitig individualisierte Anzeigen und Werbebanner erscheinen.[460]

Entsteht eine solche Beeinflussung der Meinungsbildung durch die technischen Vorgänge und durch die Möglichkeit der Manipulation der Suchergebnisse per Bezahlung[461] bereits aus der Funktionsweise der Suchmaschinen heraus, so muss sich diese Informationsasymmetrie noch verstärken, wenn der Suchmaschinenbetreiber Google in Deutschland einen unangefochtenen Marktanteil unter den Suchmaschinen von über 90% besitzt.[462] Teilweise wird in Bezug auf die Suchmaschinen gar von einer „internet-spezifischen Suggestivkraft“[463] gesprochen. Die freie individuelle und öffentliche Meinungsbildung geht mit einem freien Zugang zu vielfältigen Informationen einher. Dies zu schützen ist die Aufgabe der „dienenden“ Rundfunkfreiheit. Die informationelle Vielfalt wird durch die Konzentrationstendenzen der Suchmaschinen strukturell gefährdet.[464]

Damit wirkt auch im Netz „die Funktionslogik des Marktes auf den Selektionsprozess der Informationen nicht minder als im klassischen Rundfunk ein. Auch im Internet entscheidet die Attraktivität des Kunden für den Werbemarkt über das zur Verfügung gestellte Angebot mit.“[465] Stärker als im privaten Rundfunk lässt sich durch die Onlinetechnik der direkte Erfolg bzw. die Attraktivität von Angeboten auf den Empfänger registrieren. Die exakte Zählung von Klicks sowie die Speicherung und Weiterverfolgung der IP-Adressen der Nutzer lassen eine wesentlich genauere Profilerstellung des potentiellen Werbeadressaten zu, als dies über die Be-

459 Vgl. *Eberle* AfP 2008, 330.

460 Vgl. *Marc Machill/Markus Beiler/Martin Zencker*, in: *Marc Machill/Markus Beiler* (Hrsg.), Die Macht der Suchmaschinen, Köln 2007, 7-42, 12.

461 Vgl. *Wolfgang Schulz/Thorsten Held/Arne Laudien*, Suchmaschinen als Gatekeeper in der öffentlichen Kommunikation. Rechtliche Anforderungen an Zugangsoffenheit und Transparenz bei Suchmaschinen im WWW, Berlin 2005, 18f.

462 Vgl. *Web-Stats*: »http://www.web-stats.info/blog/175-Suchmaschinen-Marktanteile-Statistik-fuer-Mai-2015.html« (Stand 31.10.2015); sowie tiefergehend *Theo Röhle*, Der Google-Komplex. Über Macht im Zeitalter des Internets, Bielefeld 2010, 20; *Hans Hege*, Gebietet das Verfassungsrecht eine öffentlich finanzierte Suchmaschine?, in: *Arbeitsgemeinschaft der Landesmedienanstalten*, Digitalisierungsbericht 2012, Berlin 2012, 13-20, 15ff.

463 *Korte* AöR 2014, 402.

464 Vgl. *Eberle* AfP 2008, 330.

465 *Martini* DVBl. 2008, 1480.

rechnung der Quoten von Fernsehzuschauern möglich ist.[466] Nicht nur für den Videobereich, sondern auch in der allgemeinen Struktur der Onlinekommunikation finden sich vielfaltsverengende Defizite und Bedarfe an unbeeinflusster Informationsvermittlung.[467]

3. Zwischenergebnis

In der Einleitung wurde die Frage aufgeworfen, ob die Übertragung des klassischen Rundfunkauftrages auf die Internetkommunikation legitimiert werden könne und ob insbesondere das Internet eigene suggestive Wirkungen entfalte. Im Ergebnis lassen sich sowohl in den allgemeinen Strukturen des Onlinebereiches, als auch besonders gravierend im Videosegment, meinungsverengende Tendenzen und Defizite feststellen. Wie der klassische Rundfunk, so besitzt auch das Internet eine Faszinationskraft und Suggestivwirkung auf den Rezipienten, der in vergleichbarer Weise in einem asymmetrischen Verhältnis zum Sender der Informationen steht. Damit sind ebenjene Voraussetzungen gegeben, die das Bundesverfassungsgericht im Bereich der „neuen Dienste“ als Vorbehalt für ein öffentlich-rechtliches Tätigwerden im Internet aufstellte. Die Meinungsrelevanz der „neuen Dienste“, die das Bundesverfassungsgericht im Jahr 1991 noch nicht erkennen konnte, während es aber einen Wandel für möglich gehalten hatte, ist mittlerweile zur Tatsache geworden.

Der klassische Rundfunkauftrag der öffentlich-rechtlichen Rundfunkanstalten ist nach der Rechtsprechung des Bundesverfassungsgerichts dynamisch zu verstehen. Das Programmangebot der Rundfunkanstalten muss für neue Formen und Inhalte offen sein, wenn sich Technik und Publikumsinteressen wandeln, sonst könne der Auftrag der freien Meinungsvielfalt und Meinungsbildung nicht erfüllt werden.[468] Die Schutzwirkung des Art. 5 Abs. 1 S. 2 GG kommt deshalb immer dort zum Tragen, wo es eine Notwendigkeit von freier Meinungsbildung erforderlich macht.[469] Die Legitimation des öffentlich-rechtlichen Rundfunks hat sich stets aus Gefährdungen für eine freie und unbeeinflusste Meinungsbildung ergeben. Durch den technischen Wandel und die Funktionsübernahme des Rundfunks durch das Internet ist jene Situation eingetreten, die das Bundesverfassungsgericht bereits im Blick hatte. Es konnte nachgewiesen werden, dass auch online strukturelle Defizite in der Meinungsvielfalt bestehen und hieraus Gefahren für die freie Meinungsbildung und

---

466 Vgl. *Eberle* AfP 2008, 330f.
467 Vgl. *Martini* DVBl. 2008, 1481
468 BVerfGE 83, 238, 326.
469 BVerfGE 83, 238, 302.

die freie Informierung der Bevölkerung erwachsen. Insbesondere das Videosegment weist deutliche suggestive Wirkungen auf den Rezipienten auf, die zudem verknüpft sind mit für den Zuschauer nicht deutlich gekennzeichneten Werbeinhalten. Sind solche Defizite erkennbar, ergibt sich daraus die spezifische Legitimation öffentlich-rechtlicher Rundfunkangebote.[470] Die Angebote der öffentlich-rechtlichen Rundfunkangebote im Internet sind von Art. 5 Abs. 1 S. 2 GG geschützt, „wenn sie dem publizistischen Gemeinwohl und dem Vielfaltsgebot dienen und damit dem verfassungsrechtlich abzugrenzenden Funktionsauftrag unterfallen", der insbesondere bei Fragen der Wirkung auf die Meinungsbildung und der Vielfaltsgewährleistung angesprochen ist.[471] Wie nachgewiesen werden konnte, erfolgt die öffentliche und individuelle Meinungsbildung mehr und mehr auf primärem Weg über das Internet.[472] Die offensichtlich defizitären Strukturen des Internets folgen dabei jenen des privaten Rundfunks, der aufgrund seiner Werbefinanzierung den Grundversorgungsauftrag nicht erfüllt. „Den öffentlich-rechtlichen Rundfunkanbietern kommt auch im Internet eine besondere Rolle zu, die vom Grundversorgungsauftrag (in seiner Entwicklungsoffenheit) gedeckt ist."[473] Öffentlich-rechtliche Onlineangebote dienen dem klassischen Rundfunkauftrag, der sich durch die gewandelten Formen der Massenkommunikation mittlerweile auch auf das Internet erstrecken muss.[474] Die Entwicklungsgarantie für die Rundfunkanstalten umfasst dabei auch die Adaption von typischen Formen und Inhalten der Netzkommunikation, weshalb auch und besonders die Abrufdienste vom Schutz des Art. 5 Abs. 1 S. 2 GG umfasst sind.[475] Ein dynamischer Rundfunkauftrag muss sich gerade dann auf das Netz ausweiten, wenn der gesellschaftliche und technische Wandel die Massenkommunikation auf das Internet verlagert. Diese Situation ist mittlerweile eingetreten, weshalb, im Gegensatz zur Nutzung von Onlinemedien auf dem technischen Stand der 1990er bis 2000er Jahre, auch ein öffentlich-rechtlicher Rundfunk im Internet für eine freie und unbeeinflusste Meinungsbildung garantieren muss.

[470] Vgl. *Gersdorf* 2009, 95.
[471] Vgl. *Badura* AöR 2009, 249.
[472] Vgl. *Papier/Schröder* 2011, 75.
[473] *Papier/Schröder* 2011, 77.
[474] Von der Ausweitung des Rundfunks auf die moderne Kommunikationsordnung, die auch das Internet umfasst, gehen auch *Winfried Kluth/Wolfgang Schulz*, Konvergenz und regulatorische Folgen, Arbeitspapiere des Hans-Bredow-Instituts Nr. 30, Hamburg 2014, 56f aus. Sie stützen sich dabei auf vergleichbare empirische Untersuchungen. Die Verschiebung der Mediennutzung hat nicht zur Aufhebung einer notwendigen gesetzgeberischen Regulierung geführt. Vielmehr müsse Meinungsmacht immer da bekämpft werden, wo sie entstehe.
[475] Vgl. BVerfGE 83, 238, 302; BVerfGE 119, 181, 218; *Papier/Schröder* 2011, 77; *Martini* DVBl. 2008, 1481.

So hat es das Bundesverfassungsgericht, interessanterweise kaum in der Literatur beachtet, inzwischen selbst bestätigt.[476] Die Notwendigkeit der gesetzlichen Ausgestaltung der Rundfunkordnung ist demnach nicht durch die neuen technischen Möglichkeiten des Internets gegenstandslos geworden. Vielmehr haben die Wirkungsmöglichkeiten der Suggestivkraft des Rundfunks „zusätzliches Gewicht dadurch [gewonnen], dass die neuen Technologien eine Vergrößerung und Ausdifferenzierung des Angebots und der Verbreitungsformen und -wege gebracht sowie neuartige programmbezogene Dienstleistungen ermöglicht haben."[477] „Die neuen Technologien", so das Gericht weiter, „erlauben im Übrigen den Einsatz von Navigatoren und elektronischen Programmführern, deren Software ihrerseits zur Beeinflussung der Auswahlentscheidung von Rezipienten genutzt werden kann."[478]

Diese Erweiterung der Rundfunkordnung auf den Onlinebereich durch das Urteil des Ersten Senats vom 11. September 2007 hat der Zweite Senat des Bundesverfassungsgerichts in einem zweiten Urteil aus dem Jahr 2008 bestätigt. Erneut wird hierbei der Auftrag des Gesetzgebers betont, angesichts der zunehmenden „Verflechtung der Medienmärkte", den Rundfunk durch eine positive Ordnung auszugestalten. Explizit führt der Senat aus: „Die Erweiterung der Übertragungskapazitäten aufgrund der neueren technischen Entwicklungen sowie die weitreichende Verknüpfung der Medien untereinander, insbesondere auch die Verbreitung von Rundfunkprogrammen über das Internet, stellen den Gesetzgeber zwar vor neue Herausforderungen." Dabei stellte der Zweite Senat in aller Deutlichkeit fest, dass „die Anforderungen an die gesetzliche Ausgestaltung der Rundfunkordnung zur Sicherung der Rundfunkfreiheit im Sinne des Art. 5 Abs. 1 Satz 2 GG durch die Entwicklung von Kommunikationstechnologie und Medienmärkten nicht überholt [sind]."[479]

Im Ergebnis kommt die vorliegende Untersuchung zum gleichen Schluss. Die Rundfunkfreiheit des Art. 5 Abs. 1 S. 2 GG wird als eine der freien Meinungsbildung dienende Freiheit verstanden. Lassen sich ein technischer und gesellschaftlicher Kommunikationswandel sowie eine Verlagerung der Mediennutzung auf das Internet erkennen, so ist auch eine gesetzlich normierte Vielfaltssicherung durch einen öffentlich-rechtlichen Rundfunk im Onlinebereich zulässig. Die Legitimation und Grenzen der einzelnen Onlineaktivitäten der Rundfunkanstalten haben sich am Maßstab der freien Meinungsbildung messen zu lassen.

---

[476] BVerfGE 119, 181; BVerfGE 121, 30.
[477] BVerfGE 119, 181, 215.
[478] BVerfGE 119, 181, 217.
[479] Alle Zitate BVerfGE 121, 30, 51.

III. Legitimation einzelner Online-Angebote der öffentlich-rechtlichen Rundfunkanstalten

Die Legitimation der öffentlich-rechtlichen Onlineangebote wird durch die Entwicklungsgarantie begrenzt. Jene Onlineangebote sind nur dann vom Rundfunkauftrag umfasst, wenn sie der freien Meinungsbildung dienen.

1. Livestreams

Livestreams stellen das elektronisch übertragene Pendant zum klassischen Rundfunk dar. Sie stellen damit im Einklang mit der Technologieoffenheit aus Art. 5 Abs. 1 S. 2 GG Rundfunk im verfassungsrechtlichen Sinne dar. Ihre Zulässigkeit ergibt sich bereits aus der Annex-Kompetenz zum Verbreiten von klassischen Rundfunkprogrammen. Der Livestream dient der freien Meinungsbildung in gleicher Weise wie das klassische Fernseh- oder Hörfunkprogramm.

2. Mediatheken

Mediatheken sind eine der typischen Formen von Abrufdiensten im Internet. Ihr Rundfunkcharakter ergibt sich, wie gezeigt werden konnte, auch ohne dass eine lineare Übertragung wie beim klassischen Rundfunk vorliegt. Die Allgemeinheit, inhaltliche Darbietung und die technische Übertragung der Inhalte aus Mediatheken sind erkennbar. Angesichts der Suggestivkraft und der Gefahren für die freie Meinungsbildung, die auf Videoplattformen wie YouTube hervortreten, kommt insbesondere den öffentlich-rechtlichen Mediatheken eine besondere Aufgabe für die freie öffentliche und individuelle Meinungsbildung zu. Nicht nur die in den Videoarchiven abrufbaren Nachrichten- und Informationssendungen dienen einer vielfältigen Informierung im Netz. Auch den Unterhaltungs- und Kultursendungen kann diese Aufgabe zukommen, insbesondere dann, wenn sie im Vergleich mit Angeboten, die durch Werbung finanziert werden, sich nicht nur an ein Massenpublikum richten, um hohe Einschaltquoten zu erzielen.

Im Ergebnis sind hervorgehoben die Mediatheken vom Rundfunkauftrag des Art. 5 Abs. 1 S. 2 GG umfasst.

3. Textmedien

Textmedien und dazugehörige Bilder im World Wide Web sind entsprechend des verfassungsrechtlichen Rundfunkbegriffes als Rundfunk zu kategorisieren. Sie fügen sich angesichts der redaktionellen Aufbereitung in das Gesamtangebot der Internetseiten der Anstalten ein und führen den Rezipienten dazu, sich mit den bereitgestellten Informationen und Inhalten meinungsbildend auseinanderzusetzen.

An dieser Stelle ist der Rechtsstreit um die Tagesschau-App, die eine mobile Version der Internetseite »tagesschau.de« für Smartphones ist, erwähnenswert. Die klagenden Presseunternehmen versuchten, über den Weg der Unterlassung, die Verbreitung des kostenlosen Telemedienangebotes der „Tagesschau-App" zu verhindern.[480] Die Presseunternehmen sahen sich einer wettbewerblichen Benachteiligung durch die App ausgesetzt, da sie kostenlos angeboten wird und über den Rundfunkbeitrag finanziert wird, was für die Angebote der Unternehmen nicht zutreffe. Zudem sei die App derartig presseähnlich aufgebaut, dass sie nicht Rundfunk darstelle, sondern ein direktes Konkurrenzprodukt zu den eigenen Onlinezeitungs-Apps sei. Die Presseunternehmen bemühten eine zivilrechtliche Klage auf dem Gebiet des Wettbewerbsrechts gemäß § 8 Abs. 1 UWG.[481] Mit Urteil von Dezember 2013 entschied das OLG Köln jedoch, dass das Verbot presseähnlicher Angebote der Rundfunkanstalten aus § 11 d Abs. 2 Nr. 3 RStV, worauf sich die Presseunternehmen stützten, womöglich keine Marktverhaltensregel im Sinne von § 4 Nr. 11 UWG darstelle. Letztlich ließ das OLG diese Frage offen, da es die Ansicht vertrat, einem wettbewerblichen Verstoß stehe in diesem Fall entgegen, dass das Onlineangebot »tagesschau.de« und somit auch dessen mobile Version „Tagesschau-App" durch den Drei-Stufen-Test des RStV legitimiert sei.[482] Der Drei-Stufen-Test gemäß § 11 f RStV stelle einen rechtsverbindlichen Verwaltungsakt dar, den aber der Senat des OLG als Wettbewerbsgericht nicht überprüfen könne, da es nicht das zuständige Gericht sei.[483] Solange nicht ein zuständiges Verwaltungsgericht den Verwaltungsakt über die Zulässigkeit des Telemedienangebotes »tagesschau.de« aufgehoben hat, kann die Veranstaltung der „Tagesschau-App"

480 OLG Köln, Urt. v. 20.12.2013 – 6 U 188/12, GRUR-RR 2014, 342-347, 342.

481 Die Unternehmen stützten sich dabei auf den Rundfunkstaatsvertrag, der presseähnliche Onlineangebote der Rundfunkanstalten verbietet.

482 OLG Köln, Urt. v. 20.12.2013 – 6 U 188/12, GRUR-RR 2014, 343.

483 OLG Köln, Urt. v. 20.12.2013 – 6 U 188/12, GRUR-RR 2014, 344. Auch *Karl-Nikolaus Peifer*, Tagesschau-App zulässiges Telemedienangebot, GRUR-Prax 2014, 44, 44 vertritt die Meinung, dass die Klage der Presseunternehmen auf dem falschen Rechtsweg erhoben wurde und sieht das Verwaltungsgericht als zuständig an; a. A. bei *Thomas Wierny*, App-Streit Runde Zwei, ZUM 2014, 196-201, 200f.

nicht rechtswidrig sein.[484] Der Bundesgerichtshof wies im Revisionsverfahren die Ansicht des OLG Köln jedoch mit Urteil vom 30. April 2015 zurück. Die Zulassung durch den Drei-Stufen-Test umfasse zwar das Konzept von »tagesschau.de«, aber nicht die konkrete Ausführung. Insofern können sehr wohl wettbewerbsrechtliche Ansprüche entstehen, wenn die Tagesschau-App nicht sendungsbezogen, sondern zu textlastig und daher presseähnlich wird.[485] Dies müsse das OLG erneut prüfen, das Urteil steht noch aus.

Die vorliegende Untersuchung geht von der verfassungsrechtlichen Perspektive aus. Es wurde in Kapitel B. I. 3. b) ausführlich dargelegt, dass die Pressefreiheit für die Internetkommunikation aufgrund der fehlenden Stofflichkeit des Mediums nicht einschlägig ist. Auch den Begriff der „Presseähnlichkeit" kennt das Verfassungsrecht daher nicht. Wenn nun im Rechtsstreit um die Tagesschau-App der Begriff der „Presseähnlichkeit" als Zulässigkeitskriterium herangezogen wird, so ist damit der einfachgesetzliche Begriff aus § 11 d Abs. 2 Nr. 3 RStV gemeint. Der Gesetzgeber konnte aufgrund seiner Aufgabe, den Rundfunk gesetzlich zu regeln, Normen und Voraussetzungen für Onlineangebote der Rundfunkanstalten aufstellen. Dies hat er getan, indem er die Vorschrift erließ, dass öffentlich-rechtliche Onlineangebote den Onlineangeboten der Presseunternehmen nicht zu ähnlich sein dürfen. Das bedeutet, dass die Tagesschau-App sowie andere Onlineangebote der Anstalten mit Textanteilen nicht zu textlastig sein dürfen. Die Texte müssen das eigentliche Rundfunkprogramm begleiten und darauf Bezug nehmen. Der Klagegegenstand war der Aufbau der Tagesschau-App zum Zeitpunkt des 15. Juni 2011. Die Tagesschau-App im Juli 2015 ist geprägt von Videobeiträgen und mit darauf bezogenen, zum Großteil kurzen, Texten. Darüber hinaus besteht die Möglichkeit den Tagesschau-Livestream abzurufen. Das einfachgesetzliche Kriterium des Sendungsbezuges ist in der vorliegenden Variante der Tagesschau-App eingehalten worden.

Darüber hinaus ist aus verfassungsrechtlicher Sicht des Art. 5 Abs. 1 S. 2 GG die Tagesschau-App, und damit auch ihre Textbeiträge, als Rundfunk einzustufen. Angesichts der Werbelogik weiter Teile des Internets und den aufgezeigten Vielfaltsdefiziten, trägt die Tagesschau-App zu einer freien meinungsbildenden Beschäftigung mit Inhalten bei. Insbesondere geschieht dies durch den Informations- und Nachrichtengehalt der eingestellten Beiträge und durch die Tatsache, dass Smartphone-Apps überdurchschnittlich von jüngeren Teilen der Bevölkerung genutzt werden, die sonst nur schwerlich vom öffentlich-rechtlichen Rundfunk erreicht werden. Der Rundfunkauftrag beinhaltet aber, dass die Rundfunkanstalten

---

[484] OLG Köln, Urt. v. 20.12.2013 – 6 U 188/12, GRUR-RR 2014, 346.
[485] BGH, Urt. v. 30.04.2015 – I ZR 13/14.

ein Vollprogramm senden müssen, dass sich an alle Teile der Bevölkerung richtet und jedem zugänglich ist. Eine mobile App kann dazu beitragen und kann ein wichtiger Bestandteil eines Vollprogramms sein. Dass der Gesetzgeber durch den Rundfunkstaatsvertrag den *Sendungsbezug* und das *Verbot der Presseähnlichkeit* als einfachgesetzliche Ausgestaltung der Onlineangebote normiert hat, steht der verfassungsrechtlichen Einordnung nicht entgegen. Damit können schließlich Textmedien sowie die Tagesschau-App einen Anteil zur Erfüllung des Rundfunkauftrages leisten und sind verfassungsrechtlich zulässig.

4. WDR: Freundeskreis

Das Single- und Flirtportal „Freundeskreis“[486], das vom Westdeutschen Rundfunk angeboten wird, dürfte schwerlich vom Rundfunkauftrag des Grundgesetzes umfasst sein. Der Rundfunkauftrag dient der Bevölkerung für eine freie individuelle und öffentliche Meinungsbildung, soll unbeeinflusst und pluralistisch Informationen zur Verfügung stellen, um der Bevölkerung die Bildung einer eigenen Meinung zu ermöglichen. Das Flirtportal zielt jedoch darauf ab, andere Personen kennenzulernen, die ebenfalls nach Singles und Freundschaften suchen. Dabei handelt es sich jedoch nicht um meinungsrelevante Informationen, die der Bevölkerung ein Urteil über einen Sachverhalt ermöglichen sollen. Eine öffentliche und daraus hervorgehende politische Meinungsbildung fördert das Portal nicht. Der Rundfunkauftrag aus Art. 5 Abs. 1 S. 2 GG erstreckt sich im Ergebnis nicht auf öffentlich-rechtliche Partnerbörsen im Internet.

5. BR und SWR: Klingelton-Downloads

Wie für das öffentlich-rechtliche Flirtportal, so dürfte auch ein Rundfunkauftrag zum Bereitstellen von kostenlosen Downloads für Klingeltöne durch den Bayerischen Rundfunk und durch den Südwestrundfunk nicht erkennbar sein. Klingeltöne dienen der Unterhaltung, stellen aber keine meinungsrelevanten Informationen für die Bevölkerung dar. Soweit sich die Melodien auf eine bestimmte Titelmusik einer Rundfunksendung beziehen, ließe sich zwar ein Wiedererkennungswert feststellen, der die eigentliche Sendung unterstützt. Der Klingelton als solcher bleibt jedoch ohne erkennbaren Informationsgehalt. Klingeltöne selbst können der Rundfunkfreiheit nicht dienen.

---

[486] *WDR Freundeskreis*: »https://freundeskreis.einslive.de/web/freundeskreis« (Stand 31.10.2015).

6. Newsletter

Das Bundesverfassungsgericht hat in seinem WDR-Urteil aus dem Jahr 1991 entschieden, dass gedruckte Publikationen der Rundfunkanstalten von der Rundfunkfreiheit umfasst sein können, wenn diese „vorwiegend programmbezogen“ sind. Verfassungsrechtlich gerechtfertigt sind solche Druckwerke dann, wenn sie in der „dienenden Funktion der Rundfunkfreiheit begründet sind“ und der „vorwiegende programmbezogene Inhalt [...] eine lediglich unterstützende Randbetätigung“ darstellt.[487] Das Bundesverfassungsgericht hatte dabei gedruckte Programmzeitschriften im Blick, die über die Sendungen der nachfolgenden Tage informieren. Die über das Internet angebotenen Newsletter besitzen gegenüber diesen Zeitschriften eine wesentlich größere Vielfalt. Die verschiedenen Newsletter können gezielt für nur einzelne Sendungen empfangen werden und informieren ausführlich über die geladenen Studiogäste oder die Entwicklung der Sendung in den kommenden Tagen. Für den Großteil der Newsletter konnte die Rundfunkmäßigkeit festgestellt werden. Sie dienen durch ihren Informationsgehalt der freien Meinungsbildung und sind insoweit von der Entwicklungsgarantie des Art. 5 Abs. 1 S. 2 GG umfasst. Lediglich in jenen Fällen, in denen die Newsletter ohne jeglichen Sendungsbezug erscheinen oder in kein größeres Gesamtprogramm eingefasst sind, dürfte der Darbietungscharakter fehlen. Dies lässt sich jedoch angesichts der Fülle von Newslettern nur im Einzelfall entscheiden. Für den eindeutigen Großteil der Newsletter muss aber gelten, dass sie von Art. 5 Abs. 1 S. 2 GG umfasst sind.

7. Online-Shops

Die von beinahe allen Rundfunkanstalten angebotenen Online-Shops dienen nicht der Rundfunkfreiheit. Die angebotenen Informationen dienen nicht einer freien Meinungsbildung und Informierung der Bevölkerung, sondern verfolgen kommerzielle Zwecke. Damit sind die Online-Shops nicht ohne weiteres verfassungswidrig, sie sind jedoch nicht von Art. 5 Abs. 1 S. 2 GG umfasst. Lösen sich die kommerziellen Aktivitäten der Rundfunkanstalten von dem verfassungsrechtlichen Rundfunkauftrag der Rundfunkanstalten, so ist dieses Handeln nicht mehr von der Rundfunkfreiheit geschützt.[488]

---

[487] BVerfGE 83, 238, 313.

[488] Vgl. *Jürgen Beckmann*, Kommerzielle Aktivitäten des öffentlich-rechtlichen Rundfunks in Deutschland und marktkonformes Verhalten, Hamburg 2014, 28.

8. Zwischenergebnis

Nach alledem zeigt sich, dass nicht alle Onlineaktivitäten des öffentlich-rechtlichen Rundfunks vom klassischen Rundfunkauftrag umfasst sind. Während Livestreams, Mediatheken, sendungsbezogene Textmedien und Newsletter der Rundfunkfreiheit dienen, sind Partnerbörsen, Klingeltondownloads oder kommerziell ausgerichtete Online-Shops nicht von der Rundfunkfreiheit geschützt. Die Entwicklungsgarantie des öffentlich-rechtlichen Rundfunks, die den Rundfunkanstalten die Möglichkeiten gibt, angesichts des technischen und gesellschaftlichen Wandels neue Formen und Inhalte des Rundfunks zu adaptieren, ist eng an die Funktionserfüllung des öffentlich-rechtlichen Rundfunks gekoppelt. Nur dann, wenn die neuen Formen und Inhalte einer freien Meinungsbildung und Informierung dienen, sind sie auch von Art. 5 Abs. 1 S. 2 GG geschützt. Dies trifft für die öffentlich-rechtlichen Mediatheken und Livestreams ebenso zu, wie für sendungsbezogene Texte, Bilder und Newsletter. Gegenüber diesen Internetaktivitäten sind verfassungsrechtlich keine Bedenken zu erheben.

IV. Ergebnis

Der vorliegende Beitrag beschäftigte sich aus verfassungsrechtlicher Perspektive mit der Frage nach der Zulässigkeit von öffentlich-rechtlichen Angeboten im Internet. Dazu musste zunächst im allgemeinen Teil untersucht werden, welche besondere Stellung der Rundfunk unter den Kommunikationsfreiheiten besitzt. Es zeigte sich, dass der Rundfunk aufgrund seiner massenweisen Verbreitung und durch die Verbindung von Ton und Bewegtbild eine Wirkung auf den Rezipienten entwickeln kann, wie sie bei anderen Medien nicht auftritt. Der Rundfunk kann faszinierend und authentisch und sogar suggestiv auf den Zuschauer und Zuhörer wirken. Aufgrund dieser Wirkungen und der Erreichbarkeit für die gesamte Bevölkerung besitzt der Rundfunk ein besonderes Missbrauchspotential. Deshalb wird die Rundfunkfreiheit in Deutschland als ein „dienendes" Grundrecht verstanden, dass nicht nur die Rechte des Senders, sondern auch die Rechte der Empfänger im Blick hat. Die Rundfunkfreiheit „dient" der freien Informierung und Meinungsbildung. Da der private Rundfunk durch seine Werbefinanzierung dieser Aufgabe nicht gerecht werden kann, ist es der öffentlich-rechtlich organisierte Rundfunk, der den Rundfunkauftrag erfüllen muss. Die Rundfunkanstalten sind beauftragt, ein für alle Bevölkerungsteile zugängliches Vollprogramm zu senden. Um dies zu garantieren werden sie auch innerorganisatorisch durch pluralistische Gremien beaufsichtigt. Der Rundfunkauftrag muss dabei dynamisch verstanden werden und darf nicht auf einen bestimmten Stand der Technik eingefroren werden. Denn sollte sich das Medienverhalten der Bevölkerung verändern, könnte es passieren, dass die Rundfunkanstalten den Auftrag dann nicht mehr erfüllen würden. Somit ist die Entwicklungsgarantie der Rundfunkanstalten an die Auftragserfüllung gekoppelt.

Mit der Digitalisierung ist ein solcher gesellschaftlicher und technischer Wandel eingetreten. Es galt, ihn verfassungsrechtlich und aus Sicht der dienenden Rundfunkfreiheit zu beurteilen. Das gesellschaftliche Nutzungsverhalten hat sich verändert. Das World Wide Web findet weite Verbreitung innerhalb der Bevölkerung. Die unverkennbar gestiegene Internetnutzung ist auch an den Rundfunkanstalten nicht vorbei gegangen. Sie bieten durchweg eigene Internetseiten mit verschiedenen Inhalten an. Das klassische Programm wird über Livestreams übertragen, Mediatheken archivieren einzelne Sendungsbeiträge, vielfache Textbeiträge ergänzen das Angebot. Newsletter, Online-Shops und Partnerbörsen sind weitere Erscheinungsformen. Ob diese neuen Formen von der Entwicklungsgarantie und somit vom klassischen Rundfunkauftrag umfasst sind, sollte der besondere Teil der Untersuchung herausfinden. Dazu musste zunächst geklärt werden, ob der verfassungsrechtliche Rundfunkbegriff mit seinen Merkmalen Allgemeinheit, Darbietung und Verbreitung überhaupt auf die Internetkommunikation übertragen werden kann. Im Ergebnis wurde deutlich, dass die in der Literatur vielfach angesprochene Konvergenz der Medien ein sehr pauschaler Begriff ist, der mit Vorsicht zu verwenden ist. Individuelle Kommunikation und Massenkommunikation lassen sich auch im Onlinebereich unterscheiden. Deshalb können individueller E-Mail-Verkehr, private Chat-Foren und das Online-Banking nicht von der massenkommunikativen Rundfunkfreiheit umfasst sein, sondern von der Meinungsfreiheit aus Art. 5 Abs. 1 S. 1 GG. Weiterhin stand die Frage zur Debatte, ob die Pressefreiheit im Internet anwendbar ist, wie es von einigen Literaturmeinungen auch vertreten wird. Dies muss jedoch im Ergebnis abgelehnt werden. Das typische Unterscheidungsmerkmal zwischen Presse und Rundfunk ist die stoffliche Körperlichkeit des Presseerzeugnisses. Würde man dieses Kriterium aufgeben, weil die Texte im Internet allesamt elektronisch übertragen werden, würde man eine Situation schaffen, in der sowohl die Presse- als auch die Rundfunkfreiheit auf die Netzkommunikation angewandt werden könnten. Deshalb wird vorliegend am Kriterium der Körperlichkeit festgehalten. Die Rundfunkfreiheit ist das für die Onlinekommunikation einschlägige Grundrecht.

Damit war jedoch noch keine Aussage darüber getroffen, ob auch öffentlich-rechtliche Rundfunkangebote im Internet zulässig sind. Die Entwicklungsgarantie der Rundfunkanstalten ist daran gebunden, ob Veränderungen im Rundfunkprogramm notwendig für die Erfüllung des Rundfunkauftrages sind. Es konnte umfangreich nachgewiesen werden, dass das Internet mittlerweile für einen Großteil der Bevölkerung ein täglich vielfach genutztes Medium ist. Es kommt angesichts der Nutzerzahlen, der Verbreitung und der Nutzungsdauer, sowie im Bereich der Informationsfunktion und der Unterhaltungsfunktion zu einer Angleichung von klassischem Rundfunk und Internet. Insbesondere die jüngeren Generationen sind mit der Onlinenutzung so sehr vertraut, dass sie nicht mehr zum klassischen Rundfunk zurückkehren werden. Neben dieser unverkennbar gewachsenen Bedeutung des Internets für die Bevölkerungskommunikation konnten in verschiedenen Onlinebereichen Defizite und verengende Strukturen festgestellt werden. Das Videosegment des Internets unterlag in den vergangenen Jahren Tendenzen, wie sie mit dem privaten Rundfunk vergleichbar sind. Werbefinanzierung, Professionalisierung, Schleichwerbung sind dabei nur Stichworte für einen großen Wandlungsprozess. Man kann angesichts der erstaunlich hohen Zuschauerzahlen und der Umgehung von Jugendschutz- und Werbevorschriften vor dieser Entwicklung nicht die Augen verschließen. Abseits des Videosegments zeigten sich weitere vielfaltsverengende Strukturen. So bieten auch die Onlinesuchmaschinen, ohne die eine Informationssuche nicht möglich ist, keine Gewähr dafür, dass die Suchergebnisse objektiv sind. Vielmehr besitzen die Suchmaschinenbetreiber einen enormen Einfluss auf die Informationssuche.

Im Ergebnis zeigte sich, dass das Internet deutlichen Defiziten in seiner Struktur und in seinen Inhalten unterliegt. Insbesondere die jüngeren Generationen werden vom klassischen Rundfunk nicht mehr erreicht und nutzen primär das World Wide Web zur Kommunikation und Information. Der Rundfunkauftrag gebietet es aber, ein für die gesamte Bevölkerung erreichbares und gewidmetes Vollprogramm anzubieten, dass die Gewähr für eine freie und unbeeinflusste Meinungsbildung bietet. Angesichts des gewandelten gesellschaftlichen Kommunikationsverhaltens kann ein ausschließlich klassisch verbreiteter Rundfunk diesen Auftrag nicht mehr hinreichend erfüllen. Insofern erlaubt und gebietet es der Rundfunkauftrag den Rundfunkanstalten, im Onlinebereich eigene Inhalte anzubieten.

Im letzten Schritt wurden die einzelnen Onlineangebote der Rundfunkanstalten auf ihre Legitimität geprüft. Maßstab dabei war, ob die Onlineaktivitäten zur Erfüllung des Rundfunkauftrags beitragen. Es zeigte sich, dass Livestreams, Mediatheken, Textmedien und Newsletter dieser Anforderung gerecht werden und somit von Art. 5 Abs. 1 S. 2 GG umfasst sind. Online-Shops, Partnerbörsen und Klingeltöne hingegen tragen nicht zu einer freien Meinungsbildung bei und sind nicht von der Rundfunkfreiheit geschützt.

Literaturverzeichnis

Antoni, Michael 2013, in: *Hömig, Dieter*, Grundgesetz für die Bundesrepublik Deutschland, Baden-Baden, Art. 5 und Art. 20

Arbeitsgemeinschaft der Landesmedienanstalten 2014: Jahrbuch 2013/2014, Berlin

Badura, Peter 2009: Die öffentlich-rechtlichen Rundfunkanstalten bieten Rundfunk und Telemedien an, AöR 134 (2009), 240-267

Becker, Jörg 2013: Die Digitalisierung von Medien und Kultur, Wiesbaden

Beckmann, Jürgen 2014: Kommerzielle Aktivitäten des öffentlich-rechtlichen Rundfunks in Deutschland und marktkonformes Verhalten, Hamburg

Benz, Wolfgang 2010: Auftrag Demokratie. Die Gründungsgeschichte der Bundesrepublik und die Entstehung der DDR 1945-1949, Bonn

Bethge, Herbert 1983: Freiheit und Gebundenheit der Massenmedien, DVBl. 1983, 369-377

Bethge, Herbert 1997: Der Grundrechtsstatus privater Rundfunkveranstalter, NVwZ 1997, 1-6

Bethge, Herbert 2014, in: *Sachs, Michael* (Hrsg.), Grundgesetz, 7. Aufl., München, Art. 5

Bilandzic, Helena/Schramm, Holger/Matthes, Jörg 2015: Medienrezeptionsforschung, Konstanz/München

Boetticher, Arne von 2013, in: *Münder, Johannes* (Hrsg.), Sozialgesetzbuch II, 5. Aufl., München, § 24

Braun, Ulrike 2014: Exzessive Internetnutzung Jugendlicher im familialen Kontext, Wiesbaden

Bronsema, Frauke 2008: Medienspezifischer Grundrechtsschutz der elektronischen Presse, Berlin

Brunswig, Heinrich/Klumpp, Eberhard/Schwarze, Dietrich 1980: Großsender Mühlacker. Zur Technik- und Rundfunkgeschichte, Stuttgart

Bullinger, Martin 1996: Der Rundfunkbegriff in der Differenzierung kommunikativer Dienste, AfP 1996, 1-8

Bullinger, Martin 1996: Multimediale Kommunikation in Wirtschaft und Gesellschaft, ZUM 1996, 749-756

Büttner, Ursula 2010: Weimar. Die überforderte Republik, Bonn

Calliess, Christian 2007, in: *Calliess, Christian/Ruffert, Matthias*, EUV-EGV. Kommentar, 3. Aufl., München, Art. 11 GRCh

Cornils, Matthias 2014: Anmerkung zu BVerfG. Urt. v. 25. März 2014, ZJS 2014, 447-453

Dahl, Robert 1983: Radio: Sozialgeschichte des Rundfunks für Sender und Empfänger, Reinbeck

Degenhart, Christoph 1981: Anmerkung zu BVerfG, Urt. v. 16. Juni 1981, DÖV 1981, 960-963

Degenhart, Christoph 2000: Medienrecht und Medienpolitik im 21. Jahrhundert, in: *Lüdemann, Jörn/Tschon, Michaela*, Kommunikationsordnung im 21. Jahrhundert, Aachen, 57-90

Degenhart, Christoph 2001: Der Funktionsauftrag des öffentlich-rechtlichen Rundfunks in der „Digitalen Welt“, Heidelberg

Degenhart, Christoph 2003: Grundrechtsbeachtungsanspruch der Rundfunkanbieter und Organisationsbefugnisse der Landesmedienanstalt, ZUM 2003, 913-921

Degenhart, Christoph 2004, in: Bonner Kommentar zum Grundgesetz, 113. Ergänzungslieferung, Heidelberg, Art. 5 Abs. 1 u. 2

Degenhart, Christoph 2006, in: Bonner Kommentar zum Grundgesetz, 123. Ergänzungslieferung, Heidelberg, Art. 5 Abs. 1 u. 2

Degenhart, Christoph 2011: Verfassungsfragen der Internetkommunikation, CR 2011, 231-237

Degenhart, Christoph 2012: Medienkonvergenz zwischen Rundfunk- und Pressefreiheit, in: Der grundrechtsgeprägte Verfassungsstaat, FS für Klaus Stern, hg. v. *Sachs, Michael/Siekmann, Helmut*, Berlin, 1299-1315

Dewenter, Ralf 2011: Der Mediensektor zwischen Wettbewerb und (De-)Regulierung, in: *Theurl, Theresia* (Hrsg.), Gute Regeln oder Wirtschaftslenkung?, Berlin, 145-179

Di Fabio, Udo 1997: Rechtliche Rahmenbedingungen neuer Informations- und Kommunikationstechnologien, in: *Schulte, Martin* (Hrsg.), Technische Innovation und Recht, Heidelberg, 117-135

Diller, Ansgar 1980: Rundfunkpolitik im Dritten Reich. Rundfunk in Deutschland, Bd. 2, hg. v. *Busch, Hans*, München

Dörr, Dieter 2009: Die Mitwirkung des Verwaltungsrats bei der Bestellung des ZDF-Chefredakteurs und das Problem der Gremienzusammensetzung, K&R 2009, 555-558

Dörr, Dieter/Schwartmann, Rolf 2015: Medienrecht, 5. Aufl., Heidelberg

Dussel, Konrad 2002: Hörfunk in Deutschland. Politik, Programm, Publikum, Potsdam

Dussel, Konrad 2010: Deutsche Rundfunkgeschichte, 3. Aufl., Konstanz

Eberle, Carl-Eugen 2008: Öffentlich-rechtlicher Rundfunk und Telemedienauftrag, AfP 2008, 329-335

Eichenhofer, Eberhard 2012: Sozialrecht, 8. Aufl., Tübingen

Eimeren, Birgit van/Frees, Beate 2014: Ergebnisse der ARD/ZDF-Onlinestudie 2014, in: Media Perspektiven 2014, 378-396; *zitiert als ARD/ZDF-Onlinestudie*

Ensthaler, Jürgen/Weidert, Stefan (Hrsg.) 2010: Handbuch Urheberrecht im Internet, 2. Aufl., Frankfurt/Main

Exner, Thomas/Seifarth, Dennis 2013: Der neue „Rundfunkbeitrag" – eine verfassungswidrige Reform, NVwZ 2013, 1569-1575

Fechner, Frank 2014: Medienrecht, 15. Aufl., Tübingen

Fechner, Johannes 2003: Die Aufsicht über den Privatrundfunk in Deutschland, Berlin

Fiedler, Christoph 2011: Technologieneutrale Pressefreiheit, AfP 2011, 15-18

Fiedler, Christoph 2012: Das Verbot der Tagesschau-App – Rechtsstaatliche Normalität als medienpolitischer Meilenstein, K&R 2012, 795-799

Fink, Udo 1992: Wem dient die Rundfunkfreiheit?, DÖV 1992, 805-813

Frings, Arno/Wahlers, Ulrich 2011: Social Media, iPad & Co. im Arbeitsverhältnis, BB 2011, 3126-3133

Gercke, Björn 2012, in: *Gerke, Björn/Julius, Karl-Peter/Zöllner, Mark/Temming, Dieter* (Hrsg.), StPO. Heidelberger Kommentar, § 97

Gersdorf, Hubertus 1995: Der verfassungsrechtliche Rundfunkbegriff im Lichte der Digitalisierung der Telekommunikation, Berlin

Gersdorf, Hubertus 2003: Grundzüge des Rundfunkrechts, München

Gersdorf, Hubertus 2009: Legitimation und Limitierung von Onlineangeboten des öffentlich-rechtlichen Rundfunks. Konzeption der Kommunikationsverfassung für das 21. Jahrhundert, Berlin

Gersdorf, Hubertus 2010: Verbot presseähnlicher Angebote des öffentlich-rechtlichen Rundfunks, AfP 2010, 421-434

Gersdorf, Hubertus 2012: Öffentlich-rechtlicher Rundfunk 2.0: Von der Voll- zur Qualitätsversorgung, K&R 2012, 94-98

Gourd, Andrea 2002: Öffentlichkeit und digitales Fernsehen, Wiesbaden

Grote, Rainer 1999: Kommunikative Selbstbestimmung im Internet und Grundrechtsordnung, KritV 1999, 27-56

Gugel, Bertram 2014: Sind YouTube-Netzwerke die neuen Sender? in: Arbeitsgemeinschaft der Landesmedienanstalten, Digitalisierungsbericht 2014, Berlin, 19-33

Hachen, Nils 2014: Evolution digitaler Kampagnenkonzeption und -steuerung, in: *Busch, Oliver* (Hrsg.), Realtime Advertising, Wiesbaden, 135-144

Hain Karl/Ferreau Frederik 2009: Rechtliche Bindungen des ZDF-Verwaltungsrats?, K&R 2009, 692-696

Hain, Karl 2012: Ist die Etablierung einer Internetdienstefreiheit sinnvoll?, K&R 2012, 98-103

Hasebrink, Uwe/Mikos, Lothar/Prommer, Elisabeth 2004, in: *dies.* (Hrsg.), Mediennutzung in konvergierenden Medienumgebungen, München 2004, 9-20

Hege, Hans 2012: Gebietet das Verfassungsrecht eine öffentlich finanzierte Suchmaschine?, in: *Arbeitsgemeinschaft der Landesmedienanstalten*, Digitalisierungsbericht 2012, Berlin, 13-20

Heinrich, Jürgen 1999: Medienökonomie. Bd. 2, Opladen

Herrmann, Günter 1965: Die Rundfunkanstalt, AöR (90) 1965, 286-340

Herrmann, Günter 1975: Fernsehen und Hörfunk in der Verfassung der Bundesrepublik Deutschland, Tübingen

Hesse Albrecht/Schneider Axel 2014: Anmerkung zu BVerfG, Urt. v. 25. März 2014, NVwZ 2014, 881-882

Hesse, Albrecht 2003: Rundfunkrecht, 3. Aufl., München

Hilgendorf, Eric/Frank, Thomas/Valerius, Brian 2005: Computer- und Internetstrafrecht, Berlin/Heidelberg

Hoffmann, Christian/Luch, Anika/Schulz, Sönke/Borchers, Kim Corinna, Die digitale Dimension der Grundrechte, Baden-Baden 2015.

Hoffmann-Riem, Wolfgang 1994, in: *Benda, Ernst/Maihofer, Werner/Vogel, Hans-Jochen* (Hrsg.), Handbuch des Verfassungsrechts (HdVerfR), 2. Aufl., Berlin, § 7 Kommunikations- und Medienfreiheit, 191-262

Hoffmann-Riem, Wolfgang 1996a: Der Rundfunkbegriff in der Differenzierung kommunikativer Dienste, AfP 1996, 9-15

Hoffmann-Riem, Wolfgang 1996b: Pay TV im öffentlich-rechtlichen Rundfunk, Baden-Baden

Isensee, Josef 2011, in: *Isensee, Josef/Kirchhof, Paul* (Hrsg.), Handbuch des Staatsrechts, Band IX (*zitiert als HStR IX*), 3. Aufl., Heidelberg, § 191

Jarass, Hans 1998: Rundfunkbegriffe im Zeitalter des Internets, AfP 1998, 133-141

Jarass, Hans 2010: GRCh. Kommentar, München

Jarass, Hans 2014, in: Jarass, Hans/Pieroth, Bodo, GG, 13. Aufl., München, Art. 5

Jofer, Robert 1997: Strafverfolgung im Internet, Frankfurt/Main

Käfer, Marie Luise/Steininger, Christian 2014: Medienökonomik, München

Kemper, Rainer 2009, in: *Saenger, Ingo* (Hrsg.), Zivilprozessordnung. Kommentar, 3. Aufl., München, § 811

Kirschnek, Oliver 1998: Landesmediengesetz Baden-Württemberg. Verfassungsrechtliche Grundprinzipien und Probleme, Berlin

Klaes, Roland 2009: Verfassungsrechtlicher Rundfunkbegriff im Internet, ZUM 2009, 135-141

Klein, Hans 1980: Rundfunkmonopol oder Pressezensur, in: Presserecht und Pressefreiheit, FS für Martin Löffler, hg. v. *Studienkreis für Presserecht und Pressefreiheit*, München, 111-125

Klein, Hans Hugo 1978: Die Rundfunkfreiheit, München

Klein, Hans Hugo 2001: Parteien-Presse-Rundfunk, in: Staat-Kirche-Verwaltung, Festschrift für Hartmut Maurer, hg. v. *Max-Emanuel Geis/Dieter Lorenz*, München, 193-204

Klingler, Walter 2003: Die Fernsehkonsumenten, in: *Leonhardt, Joachim-Felix/Ludwig, Hans-Werner/Schwarzer, Dietrich/Straßner, Erich* (Hrsg.), Medienwissenschaft, Bd. 3, Berlin, 2280-2285

Kloepfer, Michael 2000: Technikentwicklung und Technikrechtsentwicklung, Berlin

Kluth, Winfried/Schulz, Wolfgang 2014: Konvergenz und regulatorische Folgen, Arbeitspapiere des Hans-Bredow-Instituts Nr. 30, Hamburg

Knauf, Matthias 2012: Öffentlichkeitsbeteiligung im Verwaltungsverfahren, DÖV 2012, 1-7

Kops, Manfred (Hrsg.) 2005: Der Kulturauftrag des öffentlich-rechtlichen Rundfunks, Münster

Koreng, Ansgar 2010: Zensur im Internet, Baden-Baden

Korte, Stefan 2014: Die dienende Funktion der Rundfunkfreiheit in Zeiten medialer Konvergenz, AöR 139 (2014), 386-419

Krause-Ablass, Günter 1962: Die Bedeutung des Fernsehurteils des Bundesverfassungsgerichts für die Verfassung des deutschen Rundfunks, JZ 1962, 158

Krausnick, Daniel 2005: Das deutsche Rundfunksystem unter dem Einfluss des Europarechts, Berlin

Kremer, Sascha 2011: Vertragsgestaltung bei Entwicklung und Vertrieb von Apps für mobile Endgeräte, CR 2011, 769-776

Kube, Hanno 2006: Neue Medien – Internet, in: *Isensee, Josef/Kirchhof, Paul* (Hrsg.), Handbuch des Staatsrechts, Bd. IV, 3. Aufl., Heidelberg, § 91

Ladeur, Karl-Heinz 2009: Zur Verfassungswidrigkeit der Regelung des Drei-Stufen-Tests für Onlineangebote des öffentlich-rechtlichen Rundfunks nach § 11 f RStV, ZUM 2009, 906-914

Lammenett, Erwin 2014: Praxiswissen Online-Marketing, 4. Aufl., Wiesbaden

Lange, Bernd-Peter 2008: Medienwettbewerb, Konzentration und Gesellschaft, Wiesbaden

Leipold, Klaus/Beukelmann, Stefan 2011: Rundfunkfreiheit und Durchsuchung von Redaktionsräumen, NJW-Spezial 2011, 57-58

Lenski, Sophie-Charlotte 2012: Die Tagesschau-App am Scheideweg des Medienwettbewerbs, Die Verwaltung 45 (2012), 465-489

Lent, Wolfgang 2001: Rundfunk-, Medien- und Teledienste, Frankfurt/Main

Lenz, Helmut 1963: Rundfunkorganisation und öffentliche Meinungsbildungsfreiheit, JZ 1963, 338-350

Lerg, Winfried 1965: Die Entstehung des Rundfunks in Deutschland, Frankfurt/Main

Lerg, Winfried 1980: Rundfunkpolitik in der Weimarer Republik. Rundfunk in Deutschland, Bd. 1, hg. v. *Busch, Hans*, München

Libertus, Michael 1991: Der Grundversorgungsauftrag als Grundfunktion des öffentlich-rechtlichen Rundfunks und seine dogmatische Grundlegung, Media Perspektiven 1991, 452-460

Maaßen, Ludwig 1979: Der Kampf um den Rundfunk in Bayern: Rundfunkpolitik in Bayern 1945-1973, Berlin

Machill, Marc/Beiler, Markus/Zencker, Martin 2007, in: *Machill, Marc/Beiler, Markus* (Hrsg.), Die Macht der Suchmaschinen, Köln, 7-42

Maier, Werner 2004: Gesellschaftliche Folgen der Medienkonzentration, in: APuZ, B 12-13/2004, 3-6

Mallmann, Walter 1963: Einige Bemerkungen zum heutigen Stand des Rundfunkrechts, JZ 1963, 350

Marberth-Kubicki, Annette 2005: Computer- und Internetstrafrecht, München

Martin, Jule 2012: Das Steuerungskonzept der informierten Öffentlichkeit, Berlin

Martini, Mario 2008: Auch im Internet in der ersten Reihe? DVBl. 2008, 1477-1485

Mayrberger, Kerstin/Bettinger, Patrick 2014: Entgrenzung akademischen Lernens mit mobilen Endgeräten, in: *Kammerl, Rudolf/Grell, Petra/Unger, Alexander/Hug, Theo* (Hrsg.), Jahrbuch Medienpädagogik 11, Wiesbaden, 155-172

Meyer-Ladewig, Jens 2011: EMRK. Handkommentar, 3. Aufl., Baden-Baden, Art. 10

Möllers, Christian 2008: Pressefreiheit im Internet, AfP 2008, 241-251

Mückl, Stefan 2007: Die Konvergenz der Medien im Lichte des neuen Telemediengesetzes, JZ 2007, 1077-1084

Müller-Terpitz, Ralf 2008: Öffentlich-rechtlicher Rundfunk und Neue Medien – eine gemeinschafts- und verfassungsrechtliche Betrachtung, AfP 2008, 335-341

Neuberger, Christoph 2009: Medienrecht und Medienwandel aus kommunikationswissenschaftlicher Sicht, AfP 2009, 537-541

Neuhoff, Heiko 2012: Die Dynamik der Medienfreiheit am Beispiel von Presse und Rundfunk, ZUM 2012, 371-383

Niepalla, Peter 1990: Die Grundversorgung durch die öffentlich-rechtlichen Rundfunkanstalten, München

Odendahl, Kerstin 2014, in: *Schmidt-Bleibtreu, Bruno/Hofmann, Hans/Henneke, Hans-Günter* (Hrsg.), GG. Kommentar, 13. Aufl., Köln, Art. 5

Oermann, Carsten 1997: Rundfunkfreiheit und Funkanlagenmonopol, Berlin

Oppermann, Thomas 1981: Auf dem Wege zur gemischten Rundfunkverfassung in der Bundesrepublik Deutschland?, JZ 1981, 721-730

Ory, Stephan 2010: Rundfunk und Presse im Internet, AfP 2010, 20-25

Ory, Stephan 2011: Herausforderungen der Medienfreiheit – oder: Der Rundfunk als Endpunkt der Konvergenz? AfP 2011, 19-22

Papier, Hans-Jürgen/Schröder, Meinhard 2011: Verfassungsfragen des Drei-Stufen-Tests, Baden-Baden

Peifer, Karl-Nikolaus 2014: Tagesschau-App zulässiges Telemedienangebot, GRUR-Prax 2014, 44

Peine, Franz-Joseph 2003: Das Internet als Rundfunk im Sinne von Art. 5 Abs. 1 Satz 2 GG, in: FS Hans-Ernst Folz, hg. v. *Zehetner, Franz*, Wien, 257-282

Peine, Franz-Joseph 2008: Allgemeines Verwaltungsrecht, 9. Auflage, Heidelberg

Pestalozza, Christian 1981: Der Schutz vor der Rundfunkfreiheit in der Bundesrepublik Deutschland, NJW 1981, 2158-2166

Peters, Hans 1954: Die Zuständigkeit des Bundes im Rundfunkwesen, Berlin/Heidelberg

Petersen, Jens 2008: Medienrecht, 4. Aufl., München

Pfeiffer, Gerd 2005: StPO, 5. Aufl., München, § 97

Pieper, Antje Karin/Wiechmann, Peter 1995: Der Rundfunkbegriff, ZUM 1995, 82-96

Rademacher, Nicole 2003: Urheberrecht und gewerblicher Rechtsschutz im Internet, Berlin

Radlsbeck, Susanne 2004: Online-Magazine – rechtliche Würdigung von journalistisch-redaktionell gestalteten Abrufdiensten, Berlin

Reinlein, Laura Johanna 2011: Medienfreiheit und Medienvielfalt, Frankfurt/Main

Ricker, Reinhart/Schiwy, Peter 1997: Rundfunkverfassungsrecht, München

Ricker, Reinhart 1997: Rundfunkgebühren für Computer mit Internet-Zugang?, NJW 1997, 3199-3205

Ricker, Reinhart 2012: Die Pressefreiheit, in: *Ricker, Reinhard/Weberling, Johannes* (Hrsg.), Handbuch des Presserechts, 6. Aufl., München, 38-43

Riedl, Gudrun 2014: „Immer auf Sendung“, in: *Schröder, Michael/Schwanebeck, Axel* (Hrsg.), Live dabei. Echtzeitjournalismus im Zeitalter des Internets, Baden-Baden, 77-82

Röger, Ralf 1997: Internet und Verfassungsrecht, ZRP 1997, 203-211

Röhle, Theo 2010: Der Google-Komplex. Über Macht im Zeitalter des Internets, Bielefeld

Röper, Horst 2012: Multimediale Anbieter- und Angebotsstrukturen auf lokaler Ebene, in: Media Perspektiven 2012, 648-662

Rupp, Hans Heinrich 2001: „Dienende“ Grundrechte, „Bürgergesellschaft“, „Drittwirkung“ und „soziale Interdependenz“ der Grundrechte, JZ 2001, 271-277

Schemmer, Franz 2009, in: *Epping, Volker/Hillgruber, Christian* (Hrsg.), GG, München, Art. 5 Abs. 1

Scherzberg, Arno 2000: Die Öffentlichkeit der Verwaltung, Baden-Baden

Scherzberg, Arno 2009, in: *Hoffmann-Riem, Wolfgang/Schmidt-Aßmann, Eberhard/Voßkuhle, Andreas* (Hrsg.), Grundlagen des Verwaltungsrechts, Bd. III, München, § 49

Scheuner, Ulrich 1965: Pressefreiheit, Veröffentlichung der Vereinigung der Deutschen Staatsrechtslehrer (VVDStRL) 22, Berlin, 1-91

Schirmbacher, Martin 2011: Online-Marketing und Recht, Heidelberg

Schmidt, Walter 1981: Anmerkung zu BVerfG, Urt. v. 16. Juni 1981, DVBl. 1981, 920-922

Schmidt-Jortzig, Edzard 2009, in: *Isensee, Josef/Kirchhof, Paul* (Hrsg.), Handbuch des Staatsrechts, Band VII (zitiert als HStR VII), 3. Aufl., Heidelberg 2009, § 162

Schmitt Glaeser, Walter 2002: Die Macht der Medien in der Gewaltenteilung, JöR 50 (2002), 169-190

Schneider, Axel 2013: Warum der Rundfunkbeitrag keine Haushaltsabgabe ist – und andere Fragen zum Rundfunkbeitragsstaatsvertrag, NVwZ 2013, 19-23

Schoch, Friedrich 1998: Öffentlich-rechtliche Rahmenbedingungen einer Informationsordnung, Veröffentlichung der Vereinigung Deutscher Staatsrechtslehrer (VVDStRL) 57, 158-212

Schoch, Friedrich 2002: Konvergenz der Medien, JZ 2002, 798-807

Scholz, Philip 2003: Datenschutz beim Internet-Einkauf, Baden-Baden

Scholz, Rupert 1981: Das dritte Fernsehurteil des Bundesverfassungsgerichts, JZ 1981, 561-568

Schulz, Wolfgang 2012, in: *Hahn, Werner/Vesting, Thomas* (Hrsg.), Beck´scher Kommentar zum Rundfunkrecht, 3. Aufl., München, § 20

Schulz, Wolfgang/Held, Thorsten/Laudien, Arne 2005: Suchmaschinen als Gatekeeper in der öffentlichen Kommunikation. Rechtliche Anforderungen an Zugangsoffenheit und Transparenz bei Suchmaschinen im WWW, Berlin

Schulz, Wolfgang/Seufert, Wolfgang/Holznagel, Bernd 1999: Digitales Fernsehen. Regulierungskonzepte und -perspektiven, Opladen

Schulze-Fielitz, Helmuth 2013, in: *Dreier, Horst* (Hrsg.), GG, Bd. 1, 3. Aufl., Tübingen, Art. 5 I, II

Schwanebeck, Axel 2014: Informationsdistribution in Echtzeit, in: *Schröder, Michael/Schwanebeck, Axel* (Hrsg.), Live dabei. Echtzeitjournalismus im Zeitalter des Internets, Baden-Baden, 9-19

Schweiger, Wolfgang 2007: Theorien der Mediennutzung, Wiesbaden

Seiler, Christian 2009, in: *Epping, Volker/Hillgruber, Christian* (Hrsg.), GG, München, Art. 73

Sieber, Ulrich/Liesching, Marc 2007: Die Verantwortlichkeit der Suchmaschinenbetreiber nach dem Telemediengesetz, MMR-Beilage 8/2007, 1-30

Smend, Rudolf 1928: Das Recht der freien Meinungsäußerung, Veröffentlichung der Vereinigung der Staatsrechtslehrer (VVDStL) 4, Berlin u. Leipzig, 44-73

Sodan, Helge 2011, in: *ders.*, Grundgesetz, 2. Aufl., München, Art. 5

Soehring, Jörg 2010: Presserecht, 4. Aufl., Köln

Starck, Christian 2010, in: *v. Mangoldt, Hermann/Klein, Friedrich/Starck, Christian* (Hrsg.), Kommentar zum Grundgesetz, 6. Aufl., München, Art. 5

Starck, Christian 2013: Urteilsanmerkung zu LG Köln, JZ 2013, 103-104

Starck, Christian 2014: Das ZDF-Gremien-Urteil des Bundesverfassungsgerichts und seine gesetzliche und staatsvertragliche Umsetzung, JZ 2014, 552-557

Statistisches Bundesamt 2011: Fachserie 15, Reihe 2, Ausstattung privater Haushalte mit ausgewählten Gebrauchsgütern 2010, Wiesbaden

Statistisches Bundesamt 2014: Statistisches Jahrbuch 2014, Wiesbaden

Statistisches Bundesamt 2015a: Fachserie 15, Reihe 2, Ausstattung privater Haushalte mit ausgewählten Gebrauchsgütern 2014, Wiesbaden

Statistisches Bundesamt 2015b: Fachserie 15, Reihe 4, Private Haushalte in der Informationsgesellschaft - Nutzung von Informations- und Kommunikationstechnologien 2014, Wiesbaden

Stern, Klaus 2006: Das Staatsrecht der Bundesrepublik Deutschland, München, § 110 Rundfunkfreiheit

Todsen, Nele Julie 2013: Grenzen gebührenfinanzierter Telemedien, Berlin

Vesting, Thomas 1997: Prozedurales Rundfunkrecht, Baden-Baden

Vesting, Thomas 2003: Der öffentlich-rechtliche Rundfunk im Internet, Frankfurt/Main

Wagner, Ulrike 2006: Medienkonvergenz aus der Perspektive Heranwachsender, in: *Wagner, Ulrike/Theunert, Helga* (Hrsg.), Neue Wege durch die konvergente Medienwelt, München, 13-34

Wegener, Bernhard 2002: Der geheime Staat, Göttingen

Wegener, Christoph/Heidrich, Joerg 2011: Neuer Standard – Neue Herausforderungen: IPv6 und Datenschutz, CR 2011, 479-484

Wellenreuther, Max 2011: Presseähnliche Telemedien öffentlich-rechtlicher Rundfunkanstalten, Berlin

Wendt, Rudolf 2012, in: *v. Münch, Ingo/Kunig, Philip* (Hrsg.), GG. Kommentar, Bd. 1, 6. Aufl., München, Art. 5

Wieland, Joachim 1984: Die Freiheit des Rundfunks, Berlin

Wierny, Thomas 2014: App-Streit Runde Zwei, ZUM 2014, 196-201

Wolf, Christopher 2010: Der Kulturauftrag des öffentlich-rechtlichen Rundfunks in der Rechtsprechung des Bundesverfassungsgerichts, Frankfurt/Main

Zimmermann, Clemens 2007: Medien im Nationalsozialismus, Wien/Köln/Weimar

Internetquellen

Alle Internetquellen wurden zuletzt am 31.10.2015 abgerufen.

3Sat: »3sat.de«

3Sat „Kulturzeit":
»http://www.3sat.de/mediathek/?mode=play&red=kulturzeit«

Arbeitsgemeinschaft Fernsehforschung, Anteil der Seher in % an der Gesamtbevölkerung:
»https://www.agf.de/daten/tvdaten/seher/«

ARD Börse Newsletter:
»http://kurse.boerse.ard.de/ard/newsletter.htn«

ARD Livestream:
»http://www.daserste.de/live/index.html«

ARD Mittwochsfilm:
»http://www.daserste.de/unterhaltung/film/filmmittwoch-im-ersten/archiv/index.html«

ARD Online-Shop:
»https://www.ardvideo-shop.de/«

ARD Tatort:
»http://www.daserste.de/unterhaltung/krimi/tatort/videos/index.html«

Arte:
»arte.tv/de«

Bayerischer Rundfunk:
»br.de«
BR Klingeltöne:
»http://www.br.de/fernsehen/bayerisches-fernsehen/sendungen/unter-unserem-himmel/unter-unserem-himmel-klingeltoene-vorspann100.html«
BR Newsletter:
»http://www.br.de/service/abo-downloads/newsletter/newsletter112.html«
BR Online-Shop:
»https://www.br-shop.de/«;
»https://www.br-shop.de/boutique/digitalradio-grundig-tr-2500-dab.html«
BR report München Newsletter:
»http://www.br.de/fernsehen/das-erste/sendungen/report-muenchen/social_media-und-podcast/newsletter-an-abmeldung146.html«
comScore market rankings:
»http://www.comscore.com/Insights/Market-Rankings/Germany-Top-20-January-2014«
Deutschlandfunk Nachrichten:
»http://www.deutschlandfunk.de/die-nachrichten.353.de.html«
Deutschlandfunk:
»deutschlandfunk.de«
Deutschlandradio Newsletter:
»http://srv.deutschlandradio.de/newsletter-uebersicht.516.de.html«
Die Welt Podcasts:
»http://www.welt.de/podcasts/«
Gerhard Vowe/Phillip Henn, Leitmedium Fernsehen?, in: *Bundeszentrale für politische Bildung* (Hrsg.), Dossier Medienpolitik vom 06.10.2014:
»http://www.bpb.de/gesellschaft/medien/medienpolitik/172063/leitmedium-fernsehen?p=all«
Heise Online:
»http://www.heise.de/newsticker/meldung/YouTube-zeigt-4K-Videos-mit-60-Hertz-2586622.html«
Hessischer Rundfunk:
»hr-online.de«
Heute-Nachrichten:
»http://www.heute.de/«
Kanal „BibisBeautyPalace“:
»https://www.youtube.com/watch?v=i1NbYIFC8pk«

Kanal „Dagi Bee“:
»https://www.youtube.com/watch?v=GsuDKgHrA0E«
Kanal „gronkh“:
»https://www.youtube.com/playlist?list=PLGWGc5dfbzn-HX1ejbEwa2l2xMMs_9iNe«
Kanal „Sami Slimani“:
»https://www.youtube.com/watch?v=fAY-vaO7KXA«
Kanal „unge“:
»https://www.youtube.com/watch?v=dXx-t4i0aCA«
MDR Eins Radio Thüringen Livestream:
»http://www.mdr.de/mdr1-radio-thueringen/livestreams108.html«
MDR Newsletter:
»http://www.mdr.de/newsletter/index.html«
MDR Online-Shop:
»http://www.mdr-shop.de/«; »http://www.mdr-shop.de/kinderwelt-1/puppen-plusch.html«
MDR TV-Programm Newsletter:
»http://www.mdr.de/tv/nl/newsletterkanal132.html«
Media Markt:
»www.mediamarkt.de«
Mitteldeutscher Rundfunk:
»mdr.de«
NDR Kultur Newsletter:
»http://www.ndr.de/ndrkultur/service/newsletter/«
NDR Mein Nachmittag Newsletter:
»https://www.ndr.de/fernsehen/sendungen/mein_nachmittag/newsletter/«
NDR Online-Shop:
»https://www.ndrshop.de/«;
»https://www.ndrshop.de/rote-rosen/Rote-Rosen-Tasse.html«;
»https://www.ndrshop.de/dvd/der-tatortreiniger/«;
»https://www.ndrshop.de/deko-geschenke/Neues-aus-Buettenwarder-Holzbild-Das-Gruppenportrait.html«
NDR Zapp Newsletter:
»https://www.ndr.de/fernsehen/sendungen/zapp/newsletter/«
Norddeutscher Rundfunk:
»ndr.de«

RBB Heimatjournal Newsletter:
»https://www.rbb-online.de/heimatjournal/newsletter/«
RBB Online-Shop:
»http://www.rbb-online-shop.de/«;
»http://www.rbb-online-shop.de/produkt/dvd/dvd-ein-sommer-in-brandenburg-rbb.html«
RBB:
»rbb-online.de«
Spiegel Online Liveticker Fußball:
»http://www.spiegel.de/sport/fussball/fussball-live-liveticker-tabellen-und-statistiken-a-839944.html#contest=wmf«
Spiegel Online:
»www.spiegel.de«
Spiegel Online Video:
»http://www.spiegel.de/video/«
Süddeutsche Zeitung:
»www.sueddeutsche.de«
Süddeutsche Videoübersicht:
»http://www.sueddeutsche.de/video«
Südwestrundfunk:
»swr.de«
SWR Klingeltöne:
»http://www.swr3.de/spass/downloads/-/id=47446/w14hs/«
SWR Landesschau aktuell Baden-Württemberg:
»http://www.swr.de/landesschau-aktuell/bw/landesschau-aktuell-bw-sendung-21/-/id=1622/did=15703624/nid=13830988/8uksw4/index.html«
SWR Online-Shop:
»https://www.swr-shop.de/«
»https://www.swr-shop.de/fernsehen/die-kirche-bleibt-im-dorf/die-kirche-bleibt-im-dorf-staffel-2«
SWR1 Leute Newsletter:
»http://www.swr.de/swr1/bw/programm/leute-newsletter/-/id=446250/cf=42/did=6637240/nid=446250/c8iedd/index.html«
Tagesschau:
»http://www.tagesschau.de/multimedia/sendung/ts-8785.html«

Videoreihe zum Spiel „Outlast“:
»https://www.youtube.com/watch?v=c5hlfzcVLhY&list=PLGWGc5dfbzn86pRyW2Jy9ARpCAu4nXKlC«

WDR 1Live:
»https://freundeskreis.einslive.de/web/freundeskreis/start«

WDR Freundeskreis:
»https://freundeskreis.einslive.de/web/freundeskreis«

WDR Newsletter:
»http://www1.wdr.de/themen/hilfe/newsletter100.html«

WDR Online-Shop:
»http://www.wdrshop.de/«

WDR Online-Shop:
»http://www.wdrshop.de/products/Spielwaren/Spiele-Spielsachen/Tatort-Das-Spiel.html«;
»http://www.wdrshop.de/products/Spielwaren/Plueschtiere/MAXI-Pluesch-Maus-90-cm.html«

Web-Stats, Statistik für Mai 2015:
»http://www.web-stats.info/blog/175-Suchmaschinen-Marktanteile-Statistik-fuer-Mai-2015.html«

Westdeutscher Rundfunk:
»wdr.de«

YouTube, Kriterien für die Monetarisierung von Videos:
»https://support.google.com/youtube/answer/97527«
»http://youtube-global.blogspot.de/2009/11/1080p-hd-comes-to-youtube.html«

ZDF „Heute Show“:
»http://www.heute-show.de/ZDF/themen/index.php?tags=Videos«

ZDF Die Anstalt:
»http://www.zdf.de/ZDFmediathek/hauptnavigation/sendung-a-bis-z#/kanaluebersicht/2078314/sendung/Die-Anstalt«

ZDF Livestream:
»http://www.zdf.de/ZDFmediathek/hauptnavigation/live#/hauptnavigation/live«

ZDF Newsletter:
»http://www.zdf.de/zuschauerservice-8075318.html«

ZDF Online-Shop:
»https://www.zdf-shop.de/«;
»https://www.zdf-shop.de/produkte/dvd/preisgekroente-filme/weitere-sendungen-unsere-muetter-unsere-vaeter-dvd-tv-kriegsdrama.html«
ZDF Zitate-Newsletter:
»http://www.zdf.de/zuschauerservice-8075318.html«
ZDF:
»zdf.de«
ZDFneo Newsletter:
»http://www.zdf.de/neoservice/zdfneo-newsletter-bestellen-5292254.html«
ZEIT ONLINE Video:
»http://www.zeit.de/video/index«
ZEIT ONLINE:
»http://www.zeit.de/index«

***ibidem*-Verlag**

Melchiorstr. 15

D-70439 Stuttgart

info@ibidem-verlag.de

www.ibidem-verlag.de
www.ibidem.eu
www.edition-noema.de
www.autorenbetreuung.de